生态系统战略与持续竞争优势

——TMT 行业多案例研究

孟晓胜　陈德智　著

上海交通大学出版社
SHANGHAI JIAO TONG UNIVERSITY PRESS

内容提要

本书以阿里云、思科、小米和GE数字集团四家在商业生态系统战略实施方面卓有成效的企业为研究样本，通过多案例研究方法对商业生态系统战略与持续竞争优势的关系进行研究。研究发现，商业生态系统战略可细分为价值主张、组织耦合和生态编配三个维度；协同效应可细分为平台效应、价值共创和共生发展三个维度；持续竞争优势可细分为效率、持续性和创新性三个维度。商业生态系统战略对协同效应有直接的正向影响，并通过协同效应间接影响持续竞争优势；外部因素对于商业生态系统和持续竞争优势的关系具有一定程度的影响。

本书建立了商业生态系统战略、协同效应和持续竞争优势之间的关系理论模型，对企业规划与实施商业生态系统战略、打造新的持续竞争优势，具有重要价值。

图书在版编目（CIP）数据

生态系统战略与持续竞争优势 / 孟晓胜，陈德智著. —上海：上海交通大学出版社，2019

ISBN 978 - 7 - 313 - 22691 - 4

Ⅰ.①生… Ⅱ.①孟…②陈… Ⅲ.①企业发展战略-研究 Ⅳ.①F272.1

中国版本图书馆 CIP 数据核字（2019）第 282022 号

生态系统战略与持续竞争优势
——TMT 行业多案例研究
SHENGTAI XITONG ZHANLÜE YU CHIXU JINGZHENG YOUSHI
——TMT HANGYE DUOANLI YANJIU

著　者：孟晓胜　陈德智			
出版发行：上海交通大学出版社	地　　址：上海市番禺路 951 号
邮政编码：200030	电　　话：021 - 64071208
印　刷：上海天地海设计印刷有限公司	经　　销：全国新华书店
开　本：710mm×1000mm　1/16	印　　张：7.5
字　数：110 千字	
版　次：2019 年 12 月第 1 版	印　　次：2019 年 12 月第 1 次印刷
书　号：ISBN 978 - 7 - 313 - 22691 - 4	
定　价：49.00 元	

前　言

在新时代环境下,云计算、物联网、人工智能等新技术的发展越来越快且日益凸显颠覆的力量,市场环境越来越开放,用户需求越来越多变。多种因素的相互作用导致环境越来越不确定,行业边界日益模糊。

在不确定的环境下,企业成长越来越艰难,过去那种"独善自我、独霸市场"的经营逻辑难以为继,"合作共生"成为企业发展新的需求。

国内外的领先企业为了应对环境的不确定性,都在追求"合作共生",围绕企业自身的平台或产品聚集合作伙伴,建设商业生态系统,典型的如微软、谷歌、苹果等企业。

国内的企业面临着产业互联网的新环境,开始学习领先企业的经验,实施商业生态系统战略,期望通过生态系统的建设推动企业的持续健康发展,并获取新的竞争优势。确实有一些企业通过实施商业生态系统战略,构建了新的竞争壁垒。

然而,大多数的企业在实施商业生态系统战略的过程中屡屡碰壁,非但没有打造新的竞争优势,反而会错失很多发展机遇。

企业实施商业生态系统战略失败的原因在于商业生态系统战略与持续竞争优势之间依然是一个"黑箱",很多企业不明白商业生态系统与持续竞争优势的作用机理。

我们选取了阿里云、思科、小米和GE数字集团在商业生态系统战略实施方面卓有成效的企业为研究对象,通过多案例研究方法对商业生态系统战略与持续竞争优势的关系进行了研究。多案例研究结果表明,商业生态系统战略可细分为价值主张、组织耦合和生态编配三个维度,协同效应可细分为平台效应、价值共创和共生发展三个维度,持续竞争优势可细分为效率、持续性和创新性三个维度。对于三者的关系，商业生态系统战略对协同效应有正向的直接影响，并且通过协同效应间接影响持续竞争优势，协同效应在商业生态系统战略和持续竞争优势之间扮演着中介变量作用。此外，我们还发现外部因素对于商业生态系统和持续竞争优势的关系起着一定程度的影响作用。

这本专著的研究成果在理论方面发展了商业生态系统战略、协同效应和持续竞争优势之间的关系，并对企业如何规划商业生态系统战略，如何提升协同效应，进而打造新的持续竞争优势，具有切实的参考价值。

目 录

第 1 章　绪　论

1.1　研究背景

进入 21 世纪,世界经济逐步趋向全球化,信息化、网络化、智能化成为世界经济新的主题。在此趋势下,市场环境越来越开放,新技术迭代的速度越来越快,云计算、大数据、人工智能、5G、物联网等技术驱动整个社会走向数字化。行业的边界越来越模糊,不同行业之间互为挑战或相互融合,跨界和合作成为企业经营的新热潮。

在面对这种巨变的环境时,一些曾经拥有绝对市场优势的企业却难以保持其巅峰时期的行业地位。即使这些企业遵循了传统的企业经营发展建议,比如了解客户的需求,加大新技术的研发投入,努力提供更多更优质的产品,优化客户接触的渠道等,但是在互联网、移动互联网大潮的冲击下,这些曾经风光无限的企业也开始走下坡路。

更有甚者,当很多企业试图依靠打造核心竞争力以形成竞争壁垒而占据市场的时候,一些看似不相关的企业却通过新的技术手段或者新的商业模式在挑战它们的市场地位,比如创新企业 Airbnb,利用普通用户的闲置房屋开展短期出租,并且由户主为入住者提供保洁等相关服务,2008 年成立后,经过 7 年的发展,2015 年的估值达到了 240 亿美元,而拥有超过 4 000 家酒店的万豪集团当年估值也不过 210 亿美元。在高速发展的互联网商业经济环境中,没有企业可以单独依靠自身的能力保证游刃有余的成长。

环境变得越来越不确定,行业边界越来越模糊,市场需求越来越多变,新技术的发展越来越凸显颠覆的力量,这些因素独立发展的趋势在某种程度上可以被人们所预测,但是这些因素相互碰撞并相互作用产生的结果却超乎人们的想象。企业的商业模式、竞争优势的获取途径在不断被重塑和颠覆。

在不确定的环境下,企业的成长变得越来越艰难,"独善其身、独霸市场"的时代已经不复存在。

在新的环境下,"合作共生"成为企业发展新的追求。企业不再追求"独霸市场",而是寻求围绕产业链打造企业联盟,或者依托企业自身不断壮大的平台构建生态系统,本质上企业在试图构建商业生态系统。国外的企业如微软、谷歌、思科等,国内的企业如阿里巴巴、腾讯、百度、小米等都试图建设商业生态系统。

"合作共生"成为时代发展的主题,企业结合自身优势纷纷打造自己的商业生态系统战略,其中一些企业通过实施商业生态系统战略促进了企业的持续健康发展,微软联合英特尔等其他企业构建了企业联盟,推动了微软的持续发展,并构建了新的竞争壁垒。然而,也有一些企业在建设商业生态系统的道路上屡屡碰壁,非但没有打造新的竞争优势,反而丧失了自己的核心竞争力。

建设商业生态系统成为企业应对不确定环境的主流选择,但是建设商业生态系统的道路却并非坦途,实施商业生态系统战略能否相应地带来全新的持续竞争优势,这也是很多企业在实施商业生态系统战略的道路上苦苦探索的问题。

1.2　研究问题

既然在不确定的环境下,企业依靠"单打独斗"的竞争思维已经不能适应时代的发展需求,传统企业的成长理论也在发生着深刻改变,企业的竞争战略也发生了重大变化。

随着生产要素不断地跨企业、跨地区、跨国家的流动,单个企业已经难以拥有所需的全部资源,企业间构建商业生态系统成为新的发展方向。苹果公司围绕苹果手机操作系统 iOS 打造的生态企业取得了巨大成功,这也标志着生态系统战略的兴起。谷歌、微软、思科、阿里、腾讯、百度、小米等国内外领先的 TMT(Technology,Media,Telecom)企业着手塑造商业生态系统战略。

商业生态系统不断发展,企业间的竞争模式相应地发生了变化,不再是产品、供应链之间的竞争,而是变成了不同的生态系统之间的竞争,比如阿里云构建的生态系统与腾讯云构建的生态系统之间的竞争。

不同于传统竞争战略和竞争优势,商业生态系统战略为企业带来了另一种维度的竞争优势——生态优势。生态优势不仅仅取决于内部资源能力的积累和价值链之间的优化,还取决于企业是否能够有效地利用外部资源以及有效地管理生态系统伙伴之间的关系。

在商业生态系统战略的驱动下,企业需要从生态系统的整体层面进行战略思考,如何基于生态系统的基本原则"互利共生",培育良好的生态环境,建立稳健的生态机制,帮助生态系统伙伴找到降低成本和提高价值的有效途径,促进生态系统的持续发展,从而获得持续的竞争优势和生态优势。

商业生态系统自从 Moore 1986 年首次提出以来经过了多年的发展,但是,研究学者们还未形成对商业生态系统战略清晰的、完整的认识。同时,在新的环境下企业在建设商业生态系统的过程中还未能清晰地认识到商业生态系统战略与持续竞争优势的关系。

围绕商业生态系统战略与持续竞争优势的关系这个核心问题,还需要进一步明确的问题包括:

(1)商业生态系统战略的内涵和维度是什么?

(2)商业生态系统战略如何影响企业的持续竞争优势?

(3)企业实施生态系统战略对其持续竞争优势影响的演进过程又是怎样的?

针对这些问题,我们将进行全面的分析和讨论。

1.3 研究目的与意义

我们采用通过多案例分析找到商业生态系统战略与持续竞争优势之间

的关系,实施商业生态系统战略如何影响持续竞争优势的建立。

随着硅谷生态圈的流行,国际领先的企业逐步通过实施商业生态系统战略而形成了持续的竞争优势,典型有谷歌、微软、亚马逊等企业,国内有阿里、腾讯、百度、小米等企业。随着不确定环境的发展,尤其是互联网下半场—产业互联网的兴起,国内的众多企业开始学习领先企业的经验,逐步实施商业生态系统战略,以期能够打造新的持续竞争优势。但是,实施生态系统战略本身是一个非常复杂的过程,如何通过实施生态系统战略塑造新时代的持续竞争优势,生态系统战略与持续竞争优势之间又是什么样的关系,揭示两者之间的关系就是我们的研究目的。

为此目的,我们通过对商业生态系统战略理论的演进发展、协同效应以及持续竞争优势的相关理论,并通过对 TMT 行业典型企业案例进行梳理、比较和分析,并结合自己参与的多个商业生态系统的管理咨询项目,分析、归纳和总结商业生态系统战略与持续竞争优势之间的关系。以期能够为实施商业生态系统战略的企业提供案例参考和经验借鉴。

通过多个案例的分析,归纳总结生态系统战略的内涵和维度,明确商业生态系统战略的微观构成,有利于进一步深化生态系统战略与持续竞争优势的理论研究发展。

重点分析商业生态系统战略与持续竞争优势之间的作用机理,明晰商业生态系统的内部运行机制,明确商业生态系统战略与持续竞争优势之间的关系。这些将对企业实施商业生态系统战略具有较强的实践借鉴意义。

产业互联网环境下,越来越多的企业,尤其是 TMT 领域的企业,都已经开始建设或者筹划打造商业生态系统,而在企业的发展中商业生态系统也开始发挥着举足轻重的作用。根据我们的研究分析结果,企业将能够:

(1)了解商业生态系统战略与持续竞争优势的关系;

(2)从细分维度更全面地实施商业生态系统战略;

(3)知晓如何通过商业生态系统提升或打造持续竞争优势。

借鉴这些研究结论,在产业互联网环境下,企业可以更高效地打造和实施结合自身优势的商业生态系统战略,进而形成新的持续竞争优势。

第 2 章　理论基础

2.1　生态系统战略

2.1.1　生态系统战略的概念与内涵

20 世纪 50 年代以来,生物学隐喻在经济学研究中的应用逐步增多, 1986 年,美国管理学者穆尔(Moore)首次提出了"商业生态系统"的概念。

穆尔在 1993 年《哈佛商业评论》发布的文章中较为详细地阐述了"商业生态系统"(business ecosystem)的组织生态理论。

穆尔借鉴了生物学中生态系统概念,认为"商业生态系统"就是以组织和个人的相互作用为基础的"经济联合体",而其中组织和个人就是商业生态系统的有机体(Moore,1993)。

简要来讲,一个典型的商业生态系统是由核心企业、非核心企业(扩展企业)、相关社会组织以及其他相关成员组成。在商业生态系统的运行过程中,核心企业针对顾客需求生产制造有价值的产品和服务,供应商、其他生产企业、竞争企业、顾客以及其他风险承担者等系统成员是商业生态系统的有效参与者。

穆尔对商业生态系统的发展过程进行了详细的描述,将其演进过程分为四个阶段:

(1)商业生态系统的诞生/开拓(birth);

(2)商业生态系统的扩张(expansion);

(3)商业生态系统的领导(leadership);

(4)商业生态系统的自我更新(self-renewal)。

穆尔的商业生态系统理论,为企业的战略发展和市场策略提供了新的思路和方向。在随后几年,商业生态系统理论受到了众多学者的关注并得到广泛传播。

Gajen Kandiah 等人研究了如何基于新型的商业生态系统实现企业的价值(Gajen,1998)。

Dyer Jeffrey H 等人认为战略联盟其实也属于商业生态系统的范畴,他们通过企业研究总结了如何让战略联盟更有效地发挥作用(Dyer Jeffrey H,2001)。

在 2004 年,美国研究学者马尔科·扬西蒂(Marco Lansiti)和罗伊·莱维恩(Roy Levien)在《哈佛商业评论》上发表了《Strategy as Ecology》的文章,阐述了基于商业生态系统的视角,企业该如何做出战略选择(Iansiti,2004)。

2.1.2　生态系统战略的研究发展

进入 21 世纪以来,基于商业生态系统的战略研究迅速发展,而且研究细分领域越来越丰富,比如平台战略、蓝海战略以及商业模式变革等理论。

先后在欧洲工商管理学院和美国达特茅斯大学塔克商学院担任教授的罗恩·阿德纳长期研究生态系统相关的战略,结合商业生态系统理论的发展,进一步提出了创新生态系统理论。罗恩教授基于生态系统的视角研究了技术的替代。罗恩教授认为,在互相依赖的技术体系内,技术的替代通常不是单项技术本身的替代,而是一个技术生态系统对另外一个技术生态系统的替代(Ron,2010)。根据罗恩教授最新的研究,区别于 Moore、Iansiti 和 Levien 的商业生态系统观点(ecosystem-as-affiliation),Moore、Iansiti 和 Levien 认为商业生态系统是一种企业联盟,生态系统参与企业围绕着核心企业(焦点企业),而生态活动是相对分散的,并没有共同的目的(Iansiti,2004)。而罗恩教授的新观点(ecosystem-as-structure)认为,生态系统是一种结构化的体系,并不是简单地围绕核心企业组成的企业联盟,生态活动是为了共同的价值创造,生态系统参与企业都在其中有独特的定位(Ron,2017)。

Piyush Kumar 和 Mayukh Dass 等学者在总结传统竞争战略的基础上，认为生态系统战略环境下，竞争优势已经演化到了节点优势（node advantage），并借鉴波特的五力框架，在基于生态系统结构基础上，创造了新的五力框架（Piyush Kumar，2015），如图 2-1 所示。

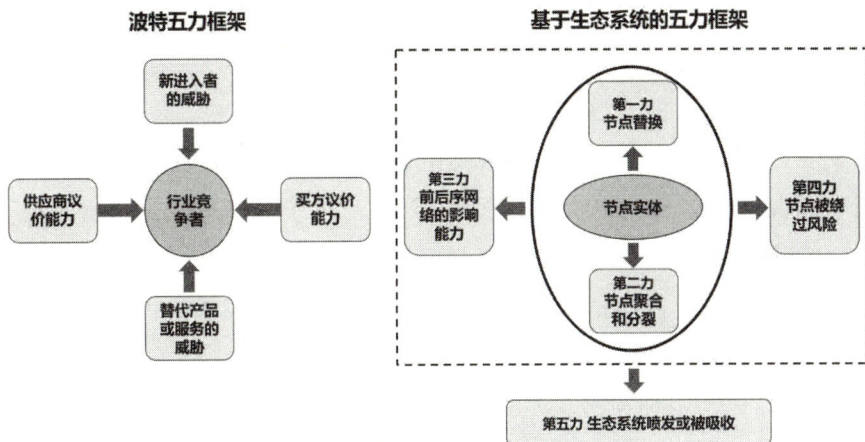

图 2-1 传统五力框架 vs 新的五力框架

Laurence Capron 和 Yan-RuLi 两位学者基于商业生态系统理论详细分析了美国科技企业思科通过自建、收购等诸多措施逐步构建思科自己的商业生态系统过程（Laurence Capron，2013；Yan Ru Li，2009）。

Ke Rong、Yong Lin、Yongjia Shi 等学者在 ARM、Intel、MTK 的案例分析基础上，基于技术、应用与组织的三重视角，并借鉴穆尔关于商业生态系统的发展阶段划分，分析了商业生态系统生命周期与平台战略的关系（Ke Rong，2013）。

Steven Davidson 和 Martin Harmer 等人深入分析了如何在新型的商业生态系统中创造或挖掘新的价值（Steven Davidson，2015）。

近年来，国内的研究学者结合国内的企业实践，对商业生态系统理论进行了深入研究。

梁运文和谭力文是国内比较早的介绍商业生态系统理论的学者，他们构建了商业生态系统的价值结构模型，并给出了企业在选择战略时的方向和路径。同时,他们还分析了商业生态系统中的企业角色,并依据价值结构模型给出了各种角色企业的战略任务(梁运文,2005)。

祝立群通过分析商业生态系统的作用机理得出商业生态系统战略是一种系统管理思想,是以生态位为导向,其内容包括商业生态系统的结构、功能和行为范畴。祝立群进一步归纳出,商业生态系统是持续演化,其演化的表现是生态位的变革与创新(祝立群,2007)。

夏清华、李轩等学者研究分析了小米、乐视等企业的商业生态系统构建过程,并认为构建商业生态系统战略的核心是能够建立相互依赖的生态系统关系,包括伙伴依赖、共生依赖和竞争依赖关系等,进而实现价值共创(夏清华,2018)。

Ke Rong 等人结合多案例分析研究总结了中国企业重塑商业生态系统的特点(Ke Rong,2011)。然后,戎珂和王勇等学者重点分析了美团的生态战略,发现在数字经济蓬勃发展的环境下,许多企业选择从平台战略转型为生态战略。对于如何实现战略转型,他们提出了 STEP 模型,即从用户结构(structure)、交易层级(transaction tier)、商业赋能(enablement)和模式绩效(performance)四大方面,实现生态战略的转型(戎珂,2018)。

Dan Li 则通过一系列研究认为商业生态系统会随着技术的发展、行业趋势的演变等因素而持续演进发展(Dan Li,2018)。

陈春花、赵海然提出的共生组织其实也是商业生态系统的一种延伸。她们认为,共生型组织是一种新的组织形态,是基于顾客价值创造和跨领域价值网的高效合作而形成,网络中的成员实现了互为主体、资源共享、价值共创以及利润共享。在共生型组织中,不同的企业组织遵循整体价值优先的原则相互融合和有机互动,以实现单个组织无法实现的高水平发展(陈春花,2018)。

在产业互联网环境下,很多企业开始实施生态系统战略。本研究涉及的生态系统战略是属于企业层面的战略行为,对于生态系统战略的内涵和维度,本研究将结合过去的理论研究和案例总结,开展进一步的分析和归纳。

2.2 协同效应

2.2.1 协同效应的概念与内涵

协同效应在生物学领域比较普遍,在自然界的生态系统之中,每一个生态系统群落内部都存在协同性,如果某生物 A 因为某生物 B 的部分习性发生改变,进而相应地也做出了一些习性的变化,其实生物 B 的习性变化就是针对生物 A 产生的变化,同样这种变化也会发生在生物 A 和生物 C、生物 A 和生物 D 之间。

穆尔定义的商业生态系统中也包括了很多的角色,包括企业、行业协会、政府以及风险投资机构等(Moore,1993),这些角色之间也会产生相互作用,其实就是协同效应,协同效应对于商业生态系统的运行至关重要。商业生态系统的各个成员之间,不仅存在竞争的关系,更重要的还是合作伙伴关系,能够产生协同效应的商业模式更加关注系统成员之间的合作关系(张智骁,2018)。

协同效应最重要的作用就是商业生态系统成员之间能够实现信息共享,产生互动作用,共同创造出新的价值,这也是商业生态系统存在的最核心价值。

2.2.2 协同效应的研究发展

Prescott C. Ensign 是较早研究协同效应和竞争优势关系的学者,他认为,在竞争不断加剧的环境中,企业战略不能只停留在内部的业务板块之间(通过收购或卖掉相关业务板块)创造协同效应,而应该发展水平化战略(horizontal strategies),在价值链相关的企业之间共享信息和技能,进一步促进协同效应,进而取得竞争优势(Prescott C. Ensign,1998)。

Ficery K.和 Herd T.等人研究了企业并购情况下的协同效应,他们发现 21 世纪初期企业并购活动比较活跃,但是很多并购后的企业并没有实现预期的协同效应。他们认为企业并购后协同效应的产生需要一定的条件,并购后的企业之间需要在业务流程、系统支撑等多个维度实现协同才能达到企业间的协同效应（Ficery K.，2007）。

许晖等学者认为随着商业生态系统的流行，单个企业的独立创新转变为企业之间的协同创新。商业生态系统的协同效应能够突破企业资源和能力的限制，促使企业之间通过资源共享降低创新成本并提升创新绩效。他们还将生态协同效应划分为聚合效应、共担效应以及反馈效应（许晖，2014）。

解学梅等学者研究了不同的协同创新模式（包括战略联盟模式、专利合作模式等）、协同效应以及创新绩效之间的关系，不同的协同创新模式将产生不同的协同效应，而协同效应的高低影响创新绩效（解学梅，2015）。

李会军等学者运用松散耦合研究对协同创新进行了重新审视，他们认为当前的协同创新研究更多的关注宏观和整体，缺乏对个体的关注，而个体组织内的矛盾和冲突会间接影响协同创新的绩效（李会军，2015）。

李玲针对技术型企业组成的企业网络进行了深入研究分析，她发现在技术型创新网络中，企业与企业之间的依赖度以及企业之间的开放程度会影响企业的合作绩效（李玲，2011）。

胡海波和卢海涛研究了不同企业组成的商业生态系统，他们认为不同的企业之间只有发挥各自的优势能力，通过价值共创才能推动生态系统的演进（胡海波，2018）。

陈春花等学者在关于共生型组织的描述中也提到了协同效应。他们认为在一个商业生态系统中，企业应以共生组织的整合价值为本，关注和重视每一个企业成员的价值创造，通过赋能与激活充分发挥企业成员的创造性激情，提升协同效应，让共生组织成员能够互助成长，共享成就。而为了提升协同效应，需要关注商业生态系统成员之间的牵引陪伴、协同管理和协助赋能（陈春花，2018）。

在全球创业活动越来越活跃的环境下，企业孵化器开始扮演比较重要的作用。毕可佳和胡海青等人通过实证研究分析了孵化器的编配能力和孵化网络创新绩效之间的作用关系，他们认为，编配能力对孵化网络创新绩效有正向影响关系，但是，网络协同效应在两者之间扮演了中介变量的角色（毕可佳，2017）。

2.3 持续竞争优势

2.3.1 持续竞争优势的概念和内涵

19 世纪 30 年代英国经济学家首次提出了竞争优势的说法,认为竞争优势就是比竞争对手表现得更好。之后,竞争优势一直是企业战略管理研究的焦点议题。

在竞争优势领域取得卓越研究成果的迈克尔·波特在其 1985 年著的《竞争优势》中提出了竞争优势是一个企业最核心的战略,一个企业为了获取竞争优势必须做出选择。而对于什么是竞争优势,迈克尔·波特也做出了相关的定义。波特认为,竞争优势源自企业为其客户创造超越成本价值的能力,客户愿意支付金钱购买产品或服务的价值,而竞争优势源于企业能够以较竞争对手更低的价格满足客户相同的利益,或是向客户提供他们愿意额外加价的特殊利益。波特也提出了两种基本的竞争优势:成本领先和差异化(Michael Porter,2014)。

知名学者普拉哈拉德(C.K.Prahalad)和哈默(G.Hamel)重点研究了核心竞争力与竞争优势的关系。他们认为核心竞争力是企业竞争力中最基本的能够使企业保持长期稳定的竞争优势的竞争力,是将企业技能资产和运作机制有机融合的企业自身组织能力。他们认为核心竞争力注重强调竞争优势,而对于竞争对手而言,只要一个企业具有较高的进入壁垒,就可以获得持续的竞争优势(陈春花,2018)。

2.3.2 持续竞争优势的研究发展

全球创新与战略管理大师大卫·梯斯持续研究了一个企业如何通过创新来赢得持续的竞争优势,大卫·梯斯建议单个企业或者个人在每一个阶段关注不同的创新要素(梅亮,2017)。

Jay B. Barney 进一步分析了竞争优势和持续竞争优势的差异,他认为一个具有竞争优势的条件是他的竞争对手和潜在竞争对手没有实施类似的价值创造策略,而一个企业具备持续竞争优势,条件则是这家企业的竞争对手和潜在竞争对手没有实施类似的价值创造策略,而且其竞争对手和潜在竞争对手还难以复制这家企业的价值创造策略(Jay B. Barney,2015)。

V K Ranjith 研究了在新兴市场环境中,企业不再只是打造竞争优势,而是塑造持续竞争优势。而企业的商业模式决定了企业竞争优势,如果一个企业想要具备持续竞争优势,则需要构建多元化的商业模式(V K Ranjith,2016)。

Wuryanti Kuncoro 等学者通过案例研究发现一个企业若要获取持续竞争优势可以通过产品创新和市场多样化拓展等途径(Wuryanti Kuncoro,2018)。

国内研究学者结合国内企业发展实践,对竞争优势进行了延伸性研究。

张敬伟等学者对波特发表《竞争优势》以后的关于竞争优势的研究进行了总结梳理,他们认为竞争优势主要分为三类:绩效优势、价值优势和能力优势。绩效优势关注财务绩效的表现;价值优势体现在不同企业之间为客户创造价值方面的差异;而能力优势重点关注能够创造优异财务绩效表现的资源或能力(张敬伟,2010)。

王建刚和吴洁基于调研数据研究了单个企业在加入企业网络后竞争优势的演变。他们认为,多个企业构成了一个企业网络,而这个企业网络是否稳定会影响企业的竞争优势形成,而网络结构的联系强度对企业竞争优势之间形成 U 型关系(王建刚,2016)。

廖建文和崔之瑜学者认为在信息时代环境下,尤其是在移动互联网普及后,产业环境和用户需求发生了巨大的变化。传统战略框架下的企业竞争优势逐步转向生态圈下的竞争优势,并提出了"生态优势"的概念。同时,他们构建了企业优势全景图,定义了"熊猫""猛虎""蚁群""狼群"四种企业优势类型(廖建文,2016)。潘松挺和杨大鹏结合乐视生态的案例分析,详细阐述了企业通过实施商业生态系统战略而获得生态优势的运作机理(潘松挺,2017)。

徐鹏杰结合韩都衣舍的企业发展实践研究了企业竞争模式的转变。他认为在新的市场环境下,企业之间的竞争范式发生了改变,传统模式下,企业关注的是竞争优势,而新的环境下,企业关注的是生态优势。而从竞争优势转变到生态优势需要企业关注多个领域的演进,包括战略层面的演进、组织层面的演进和运营层面的演进(徐鹏杰,2017)。

柳卸林和马雪梅等学者通过研究提出了在新的环境下企业实施创新生态战略可以有效地推动企业的创新绩效(柳卸林,2016)。

周湧和汪寿阳等学者基于商业生态系统的视角,提出了在生态系统中企业只有不断修正商业模式才能实现企业绩效的不断提升(周湧,2018)。

孙启贵和范璐则以小米为研究对象,提出一个企业可以通过破坏性创新建立后发的竞争优势(孙启贵,2016)。

回顾并梳理竞争优势理论的发展,最早以波特为代表的产业组织学派认为竞争优势的获取依赖于企业所在的产业环境,更多地聚焦于企业外部,其中五力框架就是典型的工具。随着环境的变化,技术的发展以及需求的多样化,基于大卫·李嘉图思想的资源基础观和基于普拉哈拉德核心竞争力的核心能力观,以及大卫·梯斯的相关理论,则关注组织内部来研究竞争优势的获取来源。随着行业之间边界的模糊,竞争变得越来越不确定,企业的竞争优势还依赖于跨组织之间的关系,共生型组织有助于企业打造更广泛的竞争优势。

另外,以波特为代表的产业组织学派认为竞争优势的获取在于稳定的外部产业结构,体现的更多是静态的结构,而资源基础观和核心能力观仍然属于静态性分析的范畴。大卫·梯斯认为波特的五力框架不能全面地解释竞争优势,他建议更多地关注进化与适应。

生态系统战略理论、协同效应以及持续竞争优势的研究将为我们后续跨案例研究奠定理论基础。

第 3 章　研究方法

3.1　分析单位与案例选择

3.1.1　分析单位

从战略目标发展来看,当企业打造了商业生态系统战略,通过扩大并维持生态系统以获得企业持续竞争优势,企业应该在生态系统建设的过程中辅之以对应的策略,以保证生态系统战略的稳健推进。为了更好地研究企业生态系统战略与持续竞争优势的影响作用,我们选择 TMT(Technology,Media,Telecom)行业比较典型的企业进行跨案例研究。通过对多个企业商业生态系统战略的实施过程进行总结分析,梳理商业生态系统战略与持续竞争优势的关系。商业生态系统战略与持续竞争优势之间的关系是我们研究的分析单位。

3.1.2　案例选择

我们选择 TMT 行业比较领先且典型的四家企业开展多案例分析,希望能够找出生态系统战略与持续竞争优势之间的关系,我们的案例选择有如下的要求:

(1)案例企业是 TMT 行业领域相对领先的企业,成立时间至少 5 年以上,能够代表所要研究的问题,以确保案例企业与研究主题之间的高度匹配。

(2)案例企业都在实施生态系统战略,且通过生态系统战略的实施在业界构建了较为明显的持续竞争优势。

（3）案例企业数据资料的可获性以及可靠性。案例企业优先选择上市公司，在满足上述标准的情况下选择资料容易获取而且能够获得调研机会的企业。

我们选择的四家企业均是笔者本人过往管理咨询工作中曾研究分析过的企业，四家企业都是行业内的领先企业，都是国内企业学习的对象。四家企业的特征如表 3-1 所示。

表 3-1　企业特征摘要

特征	阿里云	思科	小米	GE 数字集团
成立时间	2009 年	1984 年	2010 年	2015 年
公司性质	上市公司阿里巴巴下属云计算公司	有限责任公司	有限责任公司	上市公司 GE 通用电气下属软件公司
营业收入/亿元	213.6	3 407	1 749	35
人员数量/人	10 000	74 200	14 513	1 500
主营业务	云计算业务（IaaS、PaaS、SaaS）	互联网解决方案，设备和软件产品	智能手机、IoT 与生活消费产品、互联网服务	工业互联网软件服务
技术水平	全球领先	全球领先	国内领先	全球领先
生态系统战略	"云合计划"拓展云生态	全球合作伙伴生态系统	小米生态链拓展智能家居生态	工业互联网生态

资料来源：各家上市公司的年度数据，生态系统战略来自调研分析；GE 数字集团数据为 2018 年初数据，2018 年以来 GE 数字集团在重组（包括裁员），重组后数据暂未公布

3.2　数据收集

3.2.1　数据与资料

笔者就职于 TMT 行业跨国企业的管理咨询部门，负责为公司客户提供

管理咨询服务(类似于独立咨询公司的运作模式)。过往的管理咨询项目,尤其是最近几年所开展的项目(主要是面向国内领先的运营商),很多战略规划项目都会涉及企业生态系统的建设,或者围绕某一个业务板块的生态系统建设。我们的研究参考了笔者过往的生态系统战略相关的管理咨询项目,其中包括了阿里云、思科、小米、GE 数字集团的案例分析材料、调研访谈数据等。

为保证所选企业数据信息的有效性和真实性,笔者还通过多个渠道和方式补充及丰富了案例企业的数据信息与相关资料:

(1)四家企业官方网站发布企业相关信息,企业年报以及公开场合企业披露的相关信息;

(2)互联网上四家企业有关的新闻和活动信息;

(3)券商发布的与四家企业有关的研究分析报告。

3.2.2　企业调研访谈

针对生态系统战略、生态系统的协同效应、持续竞争优势等论文研究的核心问题,作者对阿里云、思科、小米三家所选企业,以及阿里云的生态系统合作伙伴企业进行了调研访谈,调研访谈对象主要为过去咨询项目访谈的对象,以及通过朋友介绍等,访谈对象的职位涉及研发、解决方案交付、战略管理、销售管理等与生态系统有关的职能。访谈次数至少一次,每次访谈时间超过 30 分钟,总计的访谈时间约为一周。访谈形式根据每个人的情况而灵活安排,主要形式为电话和面谈。

3.3　数据编码

3.3.1　初始化编码

本研究参考笔者之前参与的管理咨询项目,整理项目中涉及的分析资料、调研访谈信息以及四家企业公开信息等收集的数据,根据案例企业生态系统战略实施过程开展数据信息摘录,最后整理成数据调查笔记。因为数据资料是从多个渠道进行收集,信息量比较庞大,所以为了保证数据资料的完整性,尽量将重点信息登录到调查笔记里。按照调查笔记将事件信息整理成新的表格清单,然后对每个事件进行初始编码,精炼数据,为后续的分类编码奠定基础。下面以阿里云的初始化编码为例,如表 3-2 所示。

表 3-2　数据初始化编码示例

调查笔记	初始化编码
2014 年 8 月,阿里云宣布启动云合计划,计划招募 10 000 家云服务提供商,并通过资金扶持、客户共享、技术和培训支持等相关策略,协助合作伙伴从传统 IT 服务商向云服务商转型	2014 年 8 月阿里云启动"云合计划"的生态战略规划
2016 年 10 月,云合计划计划迎来升级,阿里云云合计划 2.0 发布,以汇聚和链接、开放的技术、抽象封装的互联网能力、人才创新孵化为出发点,构建阿里云生态体系	2016 年 10 月阿里云将"云合计划 1.0"升级"云合计划 2.0",阿里云生态体系目标更加清晰
2017 年云栖大会峰会上,阿里云携手 SAP、NetApp、中标软件、Fortinet、联想云等国内外知名 IT 企业共同发布"云市场软件品牌馆",将投入 1 亿元的云计算资源和软件使用费,希望能够带动 100 万中小企业实现智能化转型,因而也被称为"1100 生态密码"	2017 年云栖大会峰会上阿里云通过"1100 生态密码",加速"云合计划"的推进
2019 年 3 月,在阿里云北京峰会,阿里云智能总裁首次明确了阿里云的生态边界以及"被集成战略","阿里云自己不做 SaaS,让大家来做更好的 SaaS"	阿里云智能总裁明确了生态合作伙伴的重要性

资料来源:阿里云官方公布新闻(www.alibabacloud.com)、公开市场数据以及调研访谈信息

针对初始化编码的事件信息,基于扎根理论进行三级编码,具体的编码过程为:

(1)开放式编码:一级编码,即对初步登录的事件信息进行逐条分析和

归类,进而实现概念化。

(2)主轴式编码:二级编码,在开放式编码的基础上,对形成的概念的逻辑关系进行进一步梳理,对开放式编码形成的概念进行聚类进而形成变量。

(3)选择式编码:三级编码,对主轴式编码形成的变量进行提炼和整合,通过故事线的方式得出与我们研究问题相关的核心范畴。

3.3.2 开放式编码

针对初始化编码的信息进行进一步分解,剔除与研究无关的信息,对信息整合形成初始化的概念。我们采用迭代方法对案例企业的信息进行开放式编码,首先对阿里云进行开放式编码,将提炼出的结果作为模板,对其他的三家企业进行验证与补充,不断形成整体的概念化。

表 3-3 以阿里云的开放式编码为例。

表 3-3　开放式编码过程示例

数据资料(开放式编码)	类别(概念化)	代码
未来五年,传统的 IT 服务商将转型为云服务商,同时一大批新型的云服务公司即将出现。云服务将是一个巨大的市场,巨大的市场也将孕育一些"新型物种"	行业转型	a_{11}
行业客户对于云计算的需求呈现很大的差异,大而全的解决方案并不是行业客户的首选,即使是想全面采用云计算的行业客户,也不可能一蹴而就,而是循序渐进的开展	用户需求	a_{12}
随着新型互联网业务的发展,客户对云计算服务提出了 AI、大数据、DEVOPS 等服务的需求	需求升级	a_{13}
阿里云总裁王文彬表示,阿里云希望跟众多合作伙伴一起努力,共同建设新的云生态	共同目标	a_{14}
王文彬将阿里云比喻成是电网,合作伙伴是家用电器公司。"在生态系统中,阿里云招募合作伙伴,合作伙伴在公共电网上再做家用电器公司,最后提供给最终的用户使用。阿里云的愿景是做中国云计算的公共电网。"	远景目标	a_{15}

（续表）

数据资料（开放式编码）	类别（概念化）	代码
阿里云总裁胡晓明曾表示，今天云计算的竞争，是生态与生态的竞争，而不是单纯技术的竞争	竞争变化	a_{21}
阿里云积极打造云市场，目标是让云市场成为行业客户与软件服务商的链接平台，让应用服务软件能从应用层帮助行业客户解决行业需求，让众多的行业用户享用到云计算带来的益处	平台搭建	a_{22}
阿里云联合 200 多家物联网产业链企业成立物联网标准联盟——ICA 联盟，推动国家标准和国际标准。同时，积极与多个行业企业合作，共同研发面向行业的智慧化应用	层级跨越	a_{23}
阿里云计划通过阿里云平台，扶持多种类型的云服务商，其中包括大型、中型、小型云服务商。借助云合计划，让所有合作伙伴构建在云计算基础平台之上，真正形成云生态	共生依赖	a_{24}
2013 年 8 月 阿里云成为世界上第一个对外提供 5K 云计算服务能力的公司，技术能力受到了业界认可	优势锁定	a_{31}
阿里云构建服务伙伴生态体系，覆盖具备阿里云产品或服务的交付能力，为客户设计、架构、搭建、迁移和管理其在阿里云上的工作负载和应用程序，包括 MSP、服务供应商等，并对服务伙伴进行分级管理	系统规范建立	a_{32}
阿里云改变传统的收益分配方式，将产业收入占比从 80%：20% 更改为 20%：80%，云服务商可以获得 80% 的收入	利益分配	a_{33}
阿里云积极与合作伙伴开展合作落地工作。仅在近期与企业服务领域的合作，便先后与公司宝、创业黑马等企业推出 G 系列产品"云上 17"，充分利用阿里云和合作伙伴各自的优势，在云计算基础服务、软件应用服务、媒体和资本等多个方面开展深度合作，共同推动多个产业园的落地建设	生态互动	a_{34}

（续表）

数据资料（开放式编码）	类别（概念化）	代码
2018 年 3 月，阿里云宣布全面进军 IOT，IOT 是继云计算后新的主赛道	平台拓展	b_{11}
阿里云生态从 2015 年开始一直在蓬勃的发展，取得了令人瞩目的成绩。从原来的一千家合作伙伴到目前为止，数量已经超过了八千家，其中头部合作伙伴有将近 1 000 家。而这些合作伙伴的结构也在不断发生着变化，从最早的分销到授权服务中心，到现在大 B、中 B 和小 B 融合。合作伙伴的业务体量超过 10 万，合作伙伴的业务增长超过 450%，每年云市场订单 200 万	伙伴聚合	b_{12}
2013 年 1 月 6 日，阿里云与万网合并为新的阿里云公司，随着万网域名的加入，阿里云计算让用户体验一站式、更便捷和完整的云计算服务	互补效应	b_{21}
2018 年 1 月 11 日，阿里云 IOT 与重庆南岸区政府、赛迪研究院合作搭建工业物联网平台，以人工智能来辅助重庆公共交通网络设计和调度，缓解城市拥堵	协同创新	b_{22}
2017 年 1 月 18 日，ZSTACK 宣布与阿里云进行战略合作。阿里云作为领投方，携手紫竹、小苗基金等跟投方完成了对 ZSTACK 数千万人民币的 A 轮投资。ZSTACK 将推出以公共云为中心的混合云战略	生态创新	b_{23}
阿里云为生态伙伴提供多方面的支持，包括技术支持、培训支持、营销支持、销售支持等	共生机制	b_{31}
2017 年 4 月，阿里云 IOT 事业部宣布成立	组织进化	b_{32}
2013 年 12 月，阿里云通过技术提升及规模化效应实现云产品全线降价	服务成本	c_{11}
在安全方面，阿里云以云盾为基础，发展出了数十款安全产品，涵盖了 WAF、内容过滤、数据加密、DDOS 防护、数据风控等多项功能，阿里本身的安全能力就很出众，在云上同样有保障	服务质量	c_{12}

（续表）

数据资料（开放式编码）	类别（概念化）	代码
2016 年,根据阿里巴巴财报显示,阿里云营收达到 30.19 亿元,同比增长 137%	营收发展	c_{13}
2019 年,阿里云提出被集成战略,自己不做 SaaS,让大家做更好的 SaaS。根据数据统计,A 股上市公司中有超过一半的企业、中国 500 强企业中超过 40% 的企业在使用阿里云的云服务相关产品	客户规模	c_{14}
阿里云在中小企业的云计算市场算是一枝独秀,阿里云不断扩充云计算产品线,平台的能力不断提升,平台能力受到了合作伙伴的认可	平台能力	c_{21}
根据 ITVALUE 和 VALUERESEARCH 在 2015 年联合展开的《IT 决策者投资与生存状态大调研》中调研访谈数据显示,让国内接近 500 位的企业 CIO 选择所在企业已经在使用或即将使用的云服务厂商,阿里云以 84.62% 的支持率居冠军地位,凸显了阿里云生态体系的价值	生态系统价值	c_{22}
在人工智能方面,阿里云以 ET 大脑为基础,发展了 ET 工业大脑、ET 农业大脑、ET 环境大脑、ET 医疗大脑等数个 AI 解决方案,及 50 多个 AI 产品,在众多产品体系中,属于阿里云集中力量发展的项目,从落地情况来看,也是国内走在最前列的	技术引领	c_{31}
2017 年 10 月,阿里云推出全新城市物联网平台 CITYLINK,CITYLINK 通过打造本地化平台加速智慧城市应用服务的开发,并能够统一智慧城市数据标准,提升智慧城市的综合管理效率	新业务孵化	c_{32}

资料来源:过往管理咨询项目的调研访谈、阿里云官网(https//www.alibabacloud.com)以及公开市场数据搜集

　　开放式编码形成的概念一方面根据案例企业信息进行提炼,另一方面也借鉴了相关文献的信息总结,初始化的概念及其相关属性如表 3 - 4 所示。

表 3 - 4　开放式编码形成的概念

类别/（概念化）	相关属性
行业转型	产业互联网、传统模式升级、行业数字化、行业重塑
用户需求	用户需求多样化、用户需求个性化、用户需求量增加
需求升级	传统需求降低、需求转变与升级、创新性需求、用户价值导向
共同目标	达成共同发展目标、达成合作意向、建立合作模式
远景目标	建立共同的愿景、构建战略合作伙伴、建立长期合作关系、达成共同的价值观
竞争变化	竞争不确定性、无边界竞争、竞争加剧
平台搭建	建立使能平台，平台对外赋能、强化平台能力
层级跨越	突破现有层级限制、往上拓展合作、往下渗透、产业链渗透、多种合作模式
共生依赖	创造利益共同体、利益共享、风险分担、互惠互利、相互依赖
优势锁定	生态系统核心位置、生态系统的催化剂
系统规范建立	建立生态系统的管理机制、沟通机制、协调机制
利益分配	收费模式、收益分配机制
生态互动	生态分工体系、生态伙伴筛选、生态激励、生态拓展、伙伴支撑、伙伴协同
平台拓展	平台能力提升、平台边界拓展、平台服务能力提升
伙伴聚合	聚合生态伙伴、吸引第三方企业
互补效应	异质资源整合、能力互补、共同创造客户价值
协同创新	共同研发、联合实验室、联合创新、孵化新业务
生态创新	颠覆性创新、应用不确定性、生态边界拓展
共生机制	机制灵活性、机制适应性、机制迭代发展
组织进化	组织调整、联合组织、共生型组织
服务成本	边际成本递减、管理成本降低、研发周期缩短、产品成本降低
服务质量	客户满意度高、高质量产品、优质服务
营收发展	营业收入增长快、市场份额较高
客户规模	客户所属行业、客户数量、客户体量
平台能力	平台聚合能力、平台扩展能力、平台服务能力

（续表）

类别/（概念化）	相关属性
生态系统价值	伙伴聚合度高、用户满意度高、用户黏性强、较好的品牌声誉
技术引领	新的技术方向、标准制定
新业务孵化	新产品/新业务孵化能力、灵活的孵化机制

3.3.3　主轴式编码

针对开放式编码形成的结果,遵循"条件→策略→结果"的范式,将这些概念化结果进行再次聚合,归纳出更为概括性和系统性的变量。主轴式编码推导出的聚类变量包括:价值主张、组织重塑、生态编配、平台效应、价值共创、共生发展、效率、持续性和创新性,归纳过程如表 3-5 所示。

表 3-5　主轴式编码过程示例

类别/（概念化）	代码	聚类/（变量化）	代码
行业转型	a_{11}		
用户需求	a_{12}		
需求升级	a_{13}	价值定位	A_1
共同目标	a_{14}		
远景目标	a_{15}		
竞争变化	a_{21}		
平台搭建	a_{22}	组织耦合	A_2
层级跨越	a_{23}		
共生依赖	a_{24}		
优势锁定	a_{31}		
系统规范建立	a_{32}	生态编配	A_3
利益分配	a_{33}		
生态互动	a_{34}		
平台拓展	b_{11}	平台效应	B_1
伙伴聚合	b_{12}		

（续表）

类别/（概念化）	代码	聚类/（变量化）	代码
互补效应	b_{21}		
协同创新	b_{22}	价值共创	B_2
生态创新	b_{23}		
共生机制	b_{31}	共生发展	B_3
组织进化	b_{32}		
服务成本	c_{11}		
服务质量	c_{12}	效率	C_1
营收发展	c_{13}		
客户规模	c_{14}		
平台能力	c_{21}	持续性	C_2
生态系统价值	c_{22}		
技术引领	c_{31}	创新性	C_3
新业务孵化	c_{32}		

3.3.4　选择式编码

基于主轴式编码形成的结果，使用选择式编码再次聚类归纳出我们所要研究的核心范畴，归纳过程如表 3-6 所示。

表 3-6　选择式编码过程示例

聚类/（变量化）		核心/（范畴化）	
价值定位	A_1		
组织耦合	A_2	生态系统战略	A
生态编配	A_3		
平台效应	B_1		
价值共创	B_2	协同效应	B
共生发展	B_3		

（续表）

聚类/(变量化)		核心/(范畴化)	
效率	C_1		
持续性	C_2	持续竞争优势	C
创新性	C_3		

3.3.5　故事线梳理

通过开放式编码、主轴式编码、选择式编码的逐级编码，提炼出能够覆盖所有概念的核心范畴，并对核心范畴及其对应的变量之间的关系进行分析，可以归纳出变量之间的相互关系。

本研究中得出各个变量之间的典型关系结构如表 3-7 所示。

表 3-7　变量关系结构示例

序号	典型变量关系
1	生态系统战略(A) → 协同效应(B)
2	协同效应(B) → 持续竞争优势(C)
3	生态系统战略(A) → 持续竞争优势(C)

3.4　研究信度

研究信度是为了说明研究发现在多大程度上能够被重复，如果后来的研究者能够完全按照先前研究者所执行的研究过程再次进行相同的案例研究，得出的结果和结论将是一样的(殷，2004)，则可认为研究信度高。

3.4.1　规范研究流程

为了最大程度地提升研究信度，笔者在设计研究方案和流程的过程中严格遵循规范的案例研究方法。研究流程的规范性是为了确保研究的客观性，即研究结论是能够规避研究者个人偏见，建立在客户情景之上，其他人能够按照规范的研究流程开展重复性的研究，也被称为"外在信度"（Miles M B，2008）。笔者从事了多年的管理咨询工作，在过往的案例研究中，也一直遵循规范的研究方法与流程，针对本书的分析研究，笔者邀请了同事、同学和导师一起参与审核收集整理的公司素材资料、调研访谈信息，充分保障研究过程和结果的一致性。如果后续研究者想要重复本书的研究，按照规范的流程也会得出同样的结果和结论。

笔者在明确选题之后，初步查阅和整理了过去所参与的管理咨询项目中涉及的生态系统建设相关的分析研究材料，经过初步的分析之后设计了本书的研究方案与流程。

（1）从文献数据中搜集国内外关于商业生态系统建设的理论成果。

（2）初步分析之后确定了研究问题和分析单位，然后对笔者参与过的管理咨询项目进行回顾，并结合现在的发展趋势，选择了四个典型的企业作为研究案例。为了丰富和完善案例企业的数据信息，对案例企业重新设计调研访谈提纲，重点围绕生态系统建设过程中的问题进行调研访谈。

（3）根据调研访谈提纲，通过朋友关系并联系过往咨询项目访谈的人员等形式开展访谈，并对访谈信息进行整理。

（4）对过往咨询项目的研究分析成果进行更新研究，尤其是近两年的企业发展趋势研究，包括企业近两年的年报、企业高层管理人员在各类重要场合中的讲话以及公司披露的生态系统发展情况等，详细了解企业生态系统的战略演进以及其生态系统建设发展的具体情况。

（5）分析四家企业的背景信息以及生态系统建设的发展过程，根据编码程序对变量进行详细分析，并总结归纳出每一家企业的生态系统发展结论。

（6）根据分析单位对四家企业的生态系统建设进行横向对比研究，并归纳总结最后的结论。

（7）将分析归纳的结论与负责管理咨询的同事进行讨论，并听取反馈意见。

（8）对比检查过往咨询项目的分析素材、调研访谈信息以及案例企业披露的各种信息，进而形成互相印证的数据链。

3.4.2 资料收集的信度

为了提高研究信度和效度(殷,2004),笔者严格按照殷的资料收集原则开展多渠道、多维度收集资料和数据。

(1)通过多种方式、多个渠道收集数据和信息,其中部分资料是笔者过往管理咨询项目积累的分析素材,其他部分资料是通过公开网站搜集的公开信息,另外的资料是对案例企业相关人员进行调研,对调研访谈的信息进行整理。

(2)对过往项目的分析素材、调研访谈信息、公开市场数据和相关信息进行分类归纳,并储存在专门的文件夹,后期可以对资料库中的信息和数据进行核查。

(3)为保证研究的结果和结论能够有对应的数据链支撑,对于收集的数据和信息进行多维度交叉验证。

3.4.3 资料编码的信度

在完成编码后再次对四个案例企业进行校对和合并,在校对和合并的过程中如果存在不一致的情形,笔者则进行二次分类以保证概念的一致性。同时,笔者通过以下两种方式来保证信息编码的完善性。

(1)对于初步的信息编码,笔者将编码信息与负责管理咨询业务的同事(尤其是之前一起参与生态系统相关项目的同事)进行讨论,并修正出现异议的编码。

(2)通过迭代编码的方式实现编码分类的统一性。笔者在完成一次编码后,间隔一定的天数(3 天左右)后,再次对收集的信息进行编码,如果编码出现不一致的情况,则再次迭代编码,保证编码信息的一致性。

为了实现"历时信度"(Miles M B,2008),笔者在研究分析的最后阶段再进行一次编码信度核验,最后的核验是为了检查信息编码是否一致,是否随着研究的不断深入产生了不一样的观点。核验的目的是为了保证研究前后的一致性,最大程度还原案例企业生态系统发展的真实性。

3.5　研究效度

效度通常作为衡量研究质量的指标(李欣,2009),本研究的资料收集、编码分类、案例分析都尽量做到了详尽、严谨,旨在提升内部效度和外部效度。

3.5.1　内部效度

内部效度关注的是研究内容、过程和结果的一致性。内部效度与研究结果解释是否唯一有关,研究的内部效度高则意味着研究结果有且只有一种解释,如果研究结果存在多种解释时,该研究的内部效度就低(李欣,2009)。本研究的目的是揭示企业生态系统战略与持续竞争优势的变化关系,即检验生态系统战略的变化是否会引起持续竞争优势的变化,生态系统战略是不是持续竞争优势改变的原因。通过扎根理论研究程序,对资料信息进行逐级编码,并建立各个类别之间的因果关系进而推导出本研究的命题和结论。

除了实证的调查研究,本研究还采用模式匹配的分析策略(Miles M B,2008),通过对案例分析推导出的结论与经典文献的生态系统演进结论进行匹配,运用模式匹配方法修订案例研究分析推导出的结论,提高本研究分析的内部效度。

为了保证内部效度,本研究选取的四家企业案例在生态系统建设领域均具有代表性,尤其是阿里云、小米、思科均是生态系统建设的典范,而 GE 数字集团在前期阶段也是国内外众多企业模仿学习的对象。

3.5.2　外部效度

外部效度是指在脱离研究情景之后,自变量与因变量之间的推广性程度(李欣,2009)。本研究为了提高外部效度,选取了四家具有不同业务面向不同目标市场的案例企业进行比较。第一家企业阿里云,属于云计算领域的领先企业,面向企业市场提供各种云计算业务;第二家企业是思科,属于通信设备领域的领先企业,面向全球电信运营商和企业市场提供通信设备服务;第三家企业是小米,属于智能硬件企业,面向消费者市场提供智能手机以及物联网产品和服务;第四家企业是 GE 数字集团,属于工业互联网企业,为制造、能源等企业提供工业互联网服务。首先通过第一家案例企业的分析推导出结论,再用同样的研究方法对其他三家企业进行比较分析,通过四家企业的跨案例研究总结归纳出结论。为了进一步提高外部效度,对四家企业的跨案例研究结论与成熟的理论进行比对分析,以使跨案例研究得到理论解释。

3.5.3　构念效度

为了保证研究的构念效度,我们采用三角形测量方式来检验案例(见表 3-8)。我们选取的研究对象为 TMT 领域的典型企业,数据信息的采集主要来自过往管理咨询项目的分析成果、相关人员的调研访谈、案例企业的公开市场信息等。其中过往管理咨询项目的分析成果、案例企业的公开信息相对比较客观,而相关人员的调研访谈容易被访谈对象的主观意识和判断所影响。

表 3-8　数据三角形验证

案例企业	生态系统战略	协同效应	持续竞争优势
阿里云			
数据来源	公司年报、公司网站、公开市场信息、调研访谈	公司年报、公司网站、公开市场信息、调研访谈	公司年报、公司网站、公开市场信息、调研访谈
数据一致性程度	高	高	高
思科			
数据来源	公司年报、公司网站、公开市场信息、调研访谈	公司年报、公司网站、公开市场信息、调研访谈	公司年报、公司网站、公开市场信息、调研访谈
数据一致性程度	高	高	高

（续表）

案例企业	生态系统战略	协同效应	持续竞争优势
小米			
数据来源	公司年报、公司网站、公开市场信息、调研访谈	公司年报、公司网站、公开市场信息、调研访谈	公司年报、公司网站、公开市场信息、调研访谈
数据一致性程度	高	高	高
GE 数字集团			
数据来源	公司年报、公司网站、公开市场信息	公司年报、公司网站、公开市场信息	公司年报、公司网站、公开市场信息
数据一致性程度	高	较高	较高

资料来源：案例企业人员的调研访谈、企业网站以及公开市场披露的数据整理得出

数据一致性程度是根据调研访谈数据以及案例企业公开的数据等多维度信息进行统计分析得出，阿里云、思科、小米三家企业的数据因为维度比较全面，数据一致性程度高。GE 数字集团的数据因为缺乏调研访谈的数据，数据维度有些欠缺，即使经过了多方面的数据搜集，难免有一些细微的疏漏和差异，因此 GE 数字集团的数据一致性程度较高。

3.6 数据分析方法

我们的分析研究过程如图 3-1 所示。笔者在研究过程中严格按照扎根理论的研究方法进行数据和信息资料的分析，同时遵循殷的方法，详细地记录研究的每一个步骤，尽量保证数据是客观可信的，以提高研究的信度和效度（殷，2004）。

针对跨案例的研究，笔者首先对四家案例企业进行多维度的数据和信息搜集，通过对这些数据和信息进行梳理并分析归纳，进而得出初步结论。然后对比分析初步结论与经典文献中的生态系统的研究理论，挖掘不同之处，从而进一步优化自己的结论并对现有的理论进行补充和完善。

笔者研究的是商业生态系统战略与持续竞争优势两者之间的关系，而协同效应是否在生态系统战略和持续竞争优势之间扮演了至关重要的中介

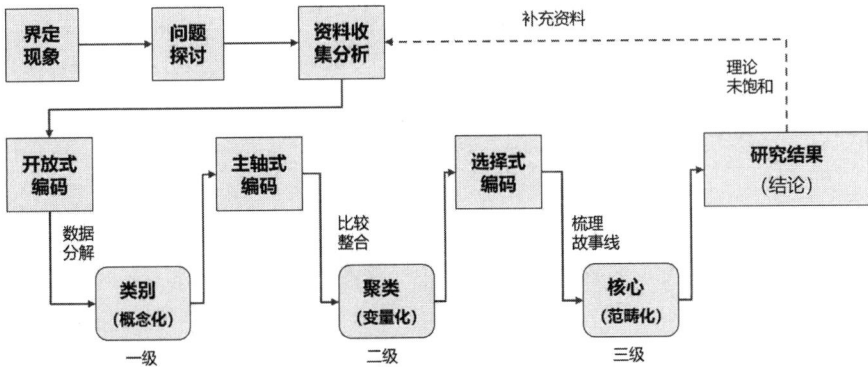

图 3-1　研究路线与步骤

关系,而协同效应又是通过哪些方式在影响持续竞争优势,我们通过以下的方法和步骤进行分析检验:

(1)生态系统战略是否显著地影响了协同效应?

(2)协同效应是否显著影响了持续竞争优势?

(3)进一步检验生态系统战略是否显著影响了企业持续竞争优势?

(4)基于事件发生的时序先后顺序,协同效应是否处于生态系统战略和持续竞争优势的中间?

如果四个条件都成立,那足以说明协同效应是生态系统战略和持续竞争优势的中介变量,即生态系统战略是通过协同效应间接影响企业持续竞争优势。

第4章　案例企业生态系统建设过程

4.1　阿里云

4.1.1　企业基本情况

阿里云是阿里巴巴旗下的云计算公司。阿里巴巴在2008年9月确定了"云计算"和"数据"战略,是国内最早的明确做云计算的企业。在2009年初,阿里巴巴的软件工程师在北京完成了阿里云计算操作系统"飞天"的第一行代码。飞天系统是阿里云核心的IaaS(Infrastructure as a Service),是阿里云研发团队从零做起自主研发的国产云计算系统。

2009年9月,阿里云计算有限公司正式成立。阿里云成立之后,不断加强自主研发实力,2010年4月,阿里金融"牧羊犬"成功在"飞天"平台上线。2013年是中国云计算市场的一个关键转折点,当年云计算热潮刚刚兴起,七牛云和UCloud等独立的第三方云计算企业纷纷成立,国外的云计算领头羊AWS(Amazon Web Service,亚马逊旗下云计算公司)高调入华掀起了国内云计算市场热潮。2013年是阿里云发展史上至关重要的一年,在2013年1月份,阿里云收购万网,两者合并为新的阿里云公司,在6月份,阿里云获得跨地区IDC牌照,后续阿里云又发布了飞天5K集群,成为当时世界上第一家对外提供5K云计算能力的公司。2014年以后,阿里云加速发展,同时开始开拓国际市场,先后启用了新加坡和美国硅谷两大数据中心,并扩建香港数据中心。

2015年阿里云携手中国铁道部将火车票订票门户网站12306部署在阿里云之上,成为阿里云发展的一个标志性事件。同年7月份阿里云与中科院成立联合实验室,共同研发量子计算机,并在 10 月份参加全球数据计算大赛,打破了四项世界纪录。2016 年 1 月,阿里云发布一站式大数据平台"数加",8 月份阿里云更换了全新的 LOGO,并发布人工智能 ET,正式进军 AI 产业。根据阿里巴巴最新财报显示,2019 年财年第一季度财报来自阿里云的营收为 46.98 亿人民币,同比增长 93%,继续维持高速增长,成为亚马逊云计算(AWS)、微软云计算(Azure)最有力的挑战者,全球云计算市场开始进入"3A 争霸"格局。

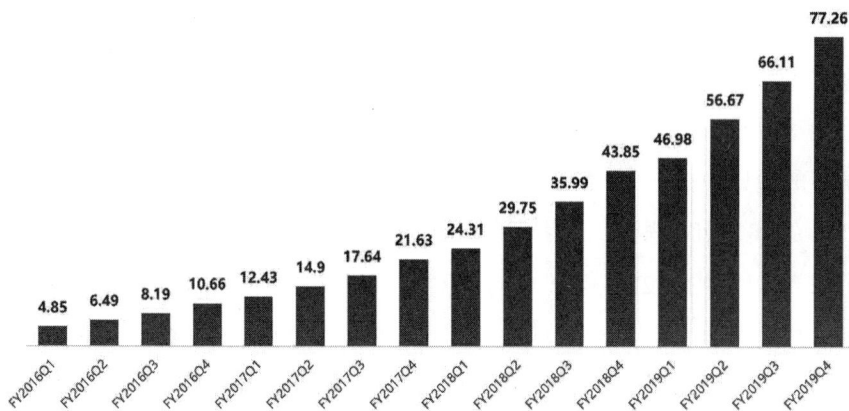

资料来源:阿里巴巴集团财报数据(https://www.alibabagroup.com/)

图 4-1　阿里云季度营收(亿元)

4.1.2　生态系统战略的实施

1)价值定位

阿里云成立于 2009 年,但是早在 2006 年,美国的电商企业亚马逊(Amazon)的云计算公司 AWS(Amazon Web Service)已经开始对外提供云计算的系列产品,云计算的概念和优势逐步被行业客户接受和认可。

随着 2008 年全球金融危机的蔓延,越来越多的企业客户开始压缩企业运营成本,而 IT 的运营成本成为企业重点压缩的领域。

而在国内,企业不仅考虑 IT 成本的高企,去 IOE(IBM、Oracle、EMC)的趋势也在影响企业客户对于 IT 产品的选择。

正是基于信息化行业转型的趋势以及企业客户需求的变化,阿里云从成立之初不断增强自身的核心实力,并着手打造云计算的生态体系。

在 2014 年阿里云总裁王文彬就做过一个形象的比喻,未来阿里云就像一个电网,将各地的电厂聚合在一起,而云上的合作伙伴就像一个个家用电器公司,其产品服务于普通消费者。阿里云的目标是做中国云计算的"公共电网"。这个比喻明确了阿里云的定位,阿里云做的是基础设施,而在基础设施之上,合作伙伴可以打造各种各样、种类繁多的产品和服务。

在 2017 年云栖大会峰会上,阿里云总裁胡晓明曾经表示,云计算的竞争,是生态与生态之间的竞争,而不是单纯技术之间的竞争。阿里云将聚焦在标准化、规模化、有重大技术挑战的云计算项目,例如计算、存储、网络、安全、数据库、中间件、人工智能等平台能力,而更多垂直型、以行业应用为核心的服务则由生态合作伙伴负责,阿里云在整个云计算生态系统中构建了清晰的边界。

在 2019 年阿里云北京峰会上,作为阿里云智能总裁的张建锋再次强调了阿里云的"生态边界和被集成战略"。阿里云将重点练好内功被集成,阿里云自己不做应用服务,让生态伙伴负责做更好的应用服务。阿里云放弃应用服务,将集中精力优化云平台的产品技术、提升平台能力,然后生态伙伴可以集成阿里云平台进而打造面向细分行业的解决方案。对于阿里云来讲,每个生态伙伴都有其擅长的能力和独特的资源。阿里云通过练好内功被生态伙伴集成,明确了和生态伙伴之间的关系,并清晰了阿里云关注和着力的方向。

阿里云生态的核心价值观可以总结为"对等、开放、共生、共赢"。作为阿里云生态的核心企业,阿里云的重点在于制定云计算技术发展的相关标准、多边市场管理的规则,并通过云计算平台连接所有企业、政府以及个人,通过开放平台整合所有合作伙伴的服务资源。

2)组织耦合

2013 年是中国云计算市场的一个关键拐点,当年云计算的热潮开始兴起,七牛云和优刻得(Ucloud)等第三方云计算企业也在 2013 年纷纷成立,另外,来自大洋彼岸的云计算领头羊 AWS 借道入华也掀起了云计算关注的热潮。

而对于企业客户来讲,企业若要实施信息化一般需要购买价格昂贵的软硬件解决方案,高企的价格让企业不堪重负。随着云计算热潮的兴起,企业级云计算的需求被激活,越来越多的企业客户,尤其是中小企业,希望"上云"。云计算平台(阿里云、AWS 等)成为企业客户与优质应用服务提供商的连接平台,通过云计算平台,企业客户可以直接选择符合自己行业场景的应用服务。

为了响应竞争的变化以及企业客户的需求,阿里云不断提升自身云计算实力、优化云计算的产品和服务。

2013 年初,阿里云和万网合并,进而组成新的阿里云公司,万网的加入可以帮助企业客户实现轻松的备案。同年阿里云获得跨地区 IDC 牌照,并发布了飞天 5K 集群,使得阿里云成为当时世界上第一家对外提供 5K 云计算服务能力的公司,平台能力逐步受到业界认可。

2014 年 8 月,阿里云启动"云合计划",目标则是聚集各类合作伙伴、打造全新的云计算生态体系,为企业、政府等提供一站式云服务。2016 年 10 月,云合计划升级,阿里云发布云合计划 2.0,以汇聚和链接、开放的技术、抽象封装的互联网能力、人才创新孵化为出发点,构建新一代的阿里云生态体系。

与大淘宝服务千万商家客户一样,阿里云也是一个平台模式,阿里云平台提供的是 IaaS 基础服务和 PaaS 层服务,而所有面向各种行业的应用服务空间都交给合作伙伴。而且阿里云还将云平台技术能力赋能阿里云生态合作伙伴。比如所有合作伙伴可以利用阿里云的 IaaS 层服务打造其自己的 PaaS 平台,或者使用阿里云 PaaS 层服务开发各种 SaaS 服务(朱立娜,2017)。

阿里云生态的结构如图 4 - 2 所示。

3)生态编配

2015 年初,阿里云携手铁道部将 12306 车票查询业务部署在阿里云上,分流了春运高峰期间的 75% 的流量,12306 车票查询业务的成功部署与运营,向行业证明了阿里云在云计算领域的领先能力。

随着阿里云平台能力的不断提升,以及平台功能的不断丰富,越来越多

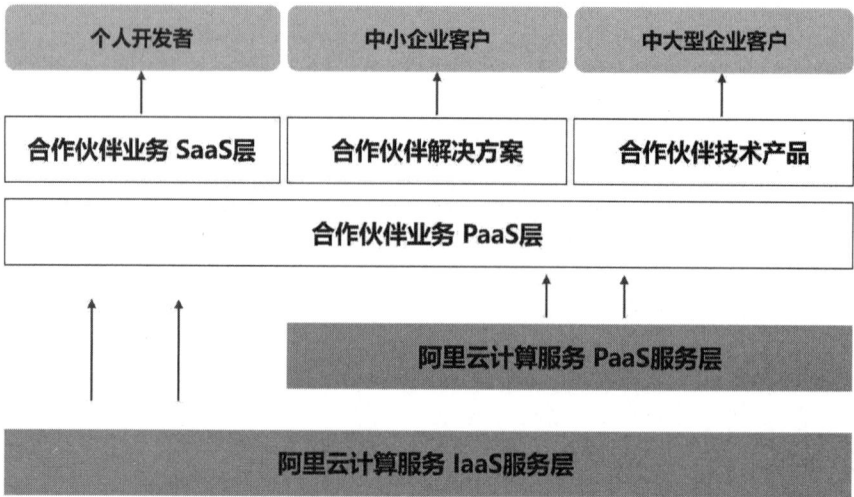

图 4-2   阿里云生态

的合作伙伴加入阿里云生态，包括独立软件开发商（ISV：Independent Software Vendors）、系统集成（SI：System Integration）、咨询公司、SaaS、PaaS 供应商等。

合作伙伴在不同的领域与业务上通常具有不同的类型。在云计算时代，阿里云不只简单地和这些合作伙伴合作，阿里云还帮助合作伙伴转型以适应云计算时代的发展，使其能够发现更多不同的机会，并找到企业在云生态中的定位。

集成商传统在基础设施上的劣势可以迅速通过阿里云的产品弥补，通过更多聚焦在实际应用集成（特定互联网应用、传统企业应用等）更加能突显集成商在某一方面的市场优势。更加聚焦高价值的增值服务将弥补云计算产品本身利润不足的问题。

解决方案提供商对于应用的理解＋云计算的技术优势是天然的契合。云计算平台强大基础设施弥补了解决方案商在运营平台能力的不足。通过利用阿里云部署大型解决方案可以大大降低时间成本，更加聚焦于应用本身将提升解决方案商的核心价值。

IDC 提供商具有客户资源的先天优势，主动接纳云计算将帮助 IDC 业务提供商快速实现业务转型,降低运营成本。通过阿里云的分销管理平台直接售卖阿里云资源同时保留自己客户控制力。长期发展可以考虑与阿里云平台共建,成为阿里云体系中的一员,随时享受最新的技术红利。

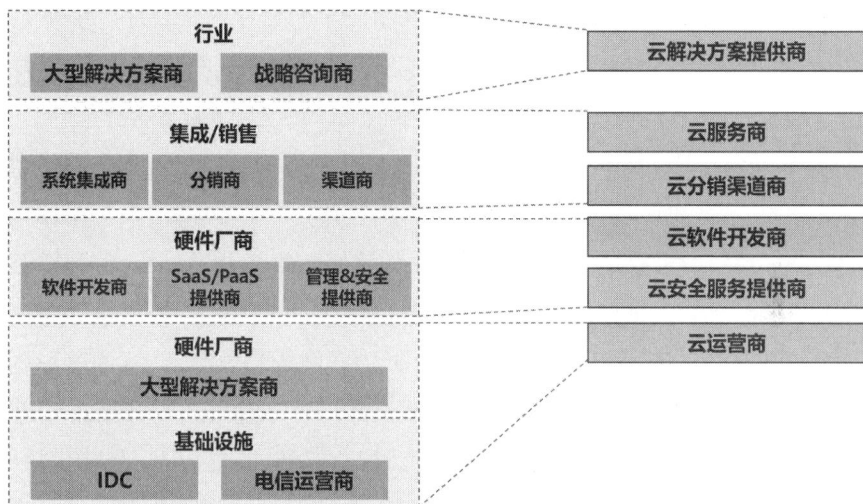

资料来源:基于阿里云生态结构总结

图 4‐3 阿里云助力合作伙伴转型

阿里云作为核心企业引领阿里云生态的发展,在 2015 年阿里云和计划启动一年后,已经累计有 100 多家行业合作伙伴加入阿里云生态,阿里云不仅赋能合作伙伴的转型,并建立分级管理机制实现生态合作伙伴的有效管理。

在利益分配方面,阿里云改变了以往平台企业拿走大部分利润的传统做法,将产业收入占比从 80%:20% 变成了 20%:80%,负责行业应用创新的云服务商可以拿走 80% 的收入,这种利益分配机制极大地激发了阿里云生态合作伙伴的创新动力。

另外,阿里云也联手合作伙伴积极地推动云计算产业的变革,让更多的行业企业接受云计算。在 2013 年底,在阿里云倡导下,阿里云、云峰基金、银杏谷、趣拍、ITValue、CSDN、博客园等企业成立云栖联盟,旨在携手更多云计算生态的实践者们,在更深层次上推动产业变革,帮助云上开发者更好地利用云计算、大数据进行创新和创业。

4.1.3　协同效应的建设

1）平台效应

阿里云在 2014 年启动云合计划后，阿里云不断提升云平台的能力，同时积极拓展阿里云平台的边界，基于云平台，向管道、边缘侧和终端侧拓展，将云平台的人工智能、高性能计算等能力不断下沉，并进一步凝聚合作伙伴。

2017 年 10 月，阿里云发布阿里云 Link 物联网平台，Link 物联网平台主打以"智能"普惠产业伙伴，功能覆盖了从连接管理、设备管理、应用使能以及业务分析，致力打造智联网时代的操作系统与集成开发环境，编程语言和人工智能，赋能整个生态。通过大数据平台、边缘计算平台、人机交互平台、设备端操作系统(OS)平台，结合阿里云物联网场景规划能力，为物联网各层开发者提供智能决策能力，助力各行业合作伙伴转型。阿里云的 Link 平台将重点赋能以下四个行业：智能城市、智能制造、智能汽车、智能生活。在 Link 物联网平台基础上，阿里云发布了城市物联网平台 CityLink，CityLink 是一套覆盖云、边、端的智能城市解决方案，可以加速智慧城市应用服务的开发。

2017 年底，阿里云推出了阿里云物联网市场，专门服务于物联网生态的服务市场，帮助合作伙伴将软硬件资源进行沉淀和销售。

随着阿里云平台边界的拓展以及平台功能的逐步丰富，越来越多的合作伙伴加入阿里云生态系统，2017 年底阿里云生态系统合作伙伴已经突破了 10 万家。

2）价值共创

阿里云对自己的边界定位非常清楚，阿里云只做云计算中的 IaaS 和 PaaS，而上层应用服务 SaaS 全部交给合作伙伴来做，即使在 IaaS 和 PaaS 层，部分功能也是由合作伙伴补足，阿里云和合作伙伴之间形成了紧密的、互补的生态关系。

资料来源:阿里云官方说明文档(https://www.alibabacloud.com/)

图 4-4 阿里云生态系统结构

阿里云的目标是使能应用服务于合作伙伴,让他们能够基于阿里云开发面向行业客户的各类应用,服务金融、零售、政务等行业客户,其实就是阿里云和合作伙伴共同为行业客户创造新的价值。

典型的合作模式或者共同创造的模式如下。

埃森哲基于阿里云大数据平台对客户提供新一代数字市场营销服务。通过阿里云大数据平台,埃森哲 100%安全地结合客户数据与阿里大规模脱敏群体数据,进行完整的用户群体数据分析,并通过阿里妈妈等数据广告平台定向对客户提供精准数字营销服务。

桉树软件作为美国桉树技术的继承者,对用户提供了基于阿里云的混合云解决方案,实现了 Openstack、VMware、Xen、KVM 等多个传统私有云平台与阿里云桥接与统一管理,帮助企业迅速从传统数据中心过渡到公共云服务计算。

阿里云一方面赋能合作伙伴,另一方面积极地与合作伙伴开展联合创新,共同探索新的领域或孵化新的产品。

2017 年 10 月,阿里云和 NXP 合作推出 TEE Pro + i.MX 的安全解决方案,应用于车载通信和车载娱乐系统,为车联网和智能汽车提供终端、数据和应用安全的防护。

2018 年 1 月,阿里云与重庆南岸区政府、赛迪研究院,合作搭建工业物联网平台,以人工智能来辅助重庆公共交通网络设计和调度,缓解城市拥堵。

作为阿里云生态系统的核心企业,阿里云还积极地开展生态创新,为生态系统增加新的发展路径。2017 年 1 月,阿里云作为领投方投资了 ZStack,ZStack 也加入了阿里云生态,成为阿里云战略合作伙伴,ZStack 推出了以公共云为中心的混合云服务,补足了阿里云的 IaaS 能力,上层应用合作伙伴也可以基于 ZStack 混合云开发行业应用。

3)共生发展

阿里云构建生态系统的目的是通过生态系统的互补与创新,实现生态系统的整体快速发展。作为阿里云生态的核心企业,阿里云对生态系统开展有效的管理并支持生态系统合作伙伴的转型与成长。

为了实现对阿里云生态的有效管理,阿里云对合作伙伴进行了分类,开展分类分级的管理。

阿里云在销售层面打造分销伙伴生态体系,只要具备阿里云产品销售咨询和服务能力则可以成为分销伙伴,与阿里云共同拓展市场,推动更多客户上云,包括分销商、托管服务提供商、虚拟云商等,并对分销伙伴进行分级管理。

阿里云构建解决方案生态体系,具备自主解决方案,或提供基于阿里云平台或与阿里云产品相集成的联合解决方案,包括 ISV、SI、咨询公司、SaaS、PaaS 供应商等都可以成为阿里云生态伙伴,并对解决方案厂商进行分级管理。

阿里云构建服务伙伴生态体系,覆盖具备阿里云产品或服务的交付能力,为客户设计、架构、搭建、迁移和管理其在阿里云上的工作负载和应用程序,包括 MSP、服务供应商等,并对服务伙伴进行分级管理。

在分类分级管理的基础上,阿里云对生态合作伙伴进行多维度的支持。

(1)培训支持,包括阿里云大学产品技术培训、阿里云 ACP 认证培训、现场架构师和技术专家培训等。

(2)技术支持,包括云解决方案赋能、云架构能力赋能、云支持能力赋能、专属服务专家等。

（3）营销支撑,包括认证服务伙伴授权、阿里巴巴集团生态圈活动、阿里云官网展示与宣传等。

（4）销售支撑,包括服务商机挖掘、重点云交付项目机会共享、专业销售支持、专属生态经理等。

4.1.4　持续竞争优势的构建

1）效率

2014 年底,阿里云全面降低了云服务器(ECS)和云数据库(RDS)的产品价格,其中基础性云服务器产品累计降幅最高的达到 61%。

阿里云旨在吸引更多中小企业和开发者加速拥抱云计算,进一步繁荣阿里云生态。

随着阿里云生态的繁荣,更多的企业在选择企业"上云"的时候选择阿里云。根据中国公有云 IaaS 市场份额数据显示,阿里云在 2016、2017 年的市场份额为 40.7% 和 47.6%(见图 4 - 5),稳居市场第一名,且超过了第二名至第九名的总和。

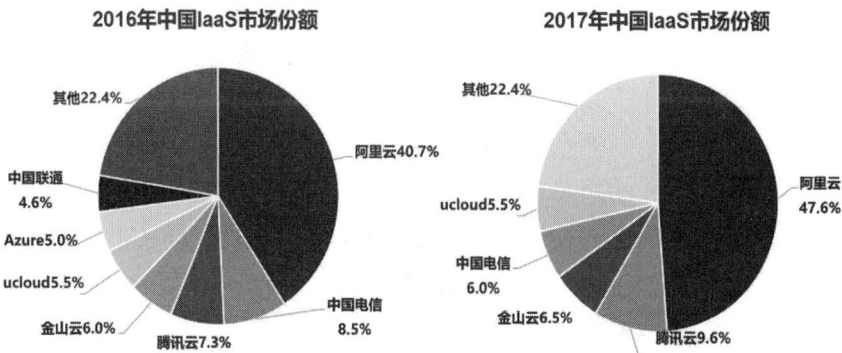

2016年中国IaaS市场份额

其他22.4%
阿里云40.7%
中国联通 4.6%
Azure5.0%
ucloud5.5%
金山云6.0%
腾讯云7.3%
中国电信 8.5%

2017年中国IaaS市场份额

其他22.4%
阿里云 47.6%
ucloud5.5%
中国电信 6.0%
金山云6.5%
腾讯云9.6%

资料来源:笔者参与的过往咨询项目报告总结

图 4 - 5　2016、2017 年中国 IaaS 市场份额

根据阿里巴巴财报显示,阿里云 2018 年营业收入为 213.6 亿元,在四年的时间里实现了 20 倍的增长,高速的增长使阿里云成为亚洲排名第一的云服务公司。

在客户规模方面,中国 500 强企业中超过 40%的企业、中国上市公司中超过 50%的企业以及中国科技类公司中超过 80%的企业都在使用阿里云服务。

全球来看,根据 Gartner 2018 年数据统计显示,全球公共云市场整体增长速度为 21.4%,以 AWS、Azure 和阿里云为首的"3A"阵营占据了全球70%以上的市场份额(见图 4-6)。

百万美元

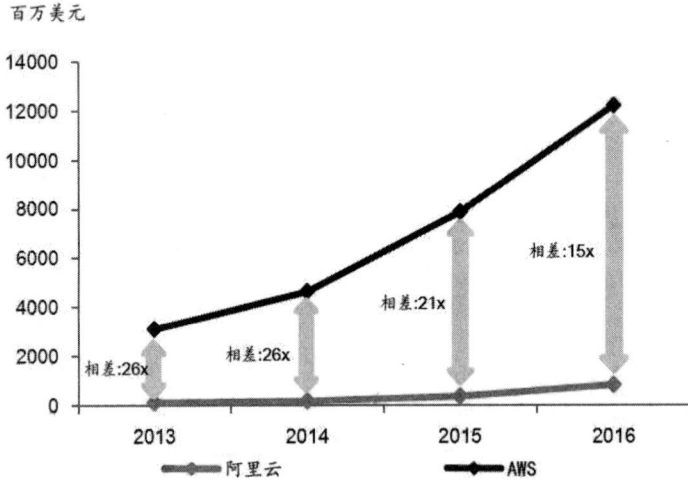

资料来源:笔者参与的过往咨询项目报告总结

图 4-6   阿里云与 AWS 收入比较

从全球来看,阿里云已经挤进了第一梯队,正在缩小与 AWS 的差距。而在国内,阿里云已经建立稳固的领先优势。

2)持续性

阿里云从成立开始就非常注重平台能力的提升,经过几年的建设,已经形成了功能较为全面的公用云 IaaS 和 PaaS 产品体系(见图 4-7)。

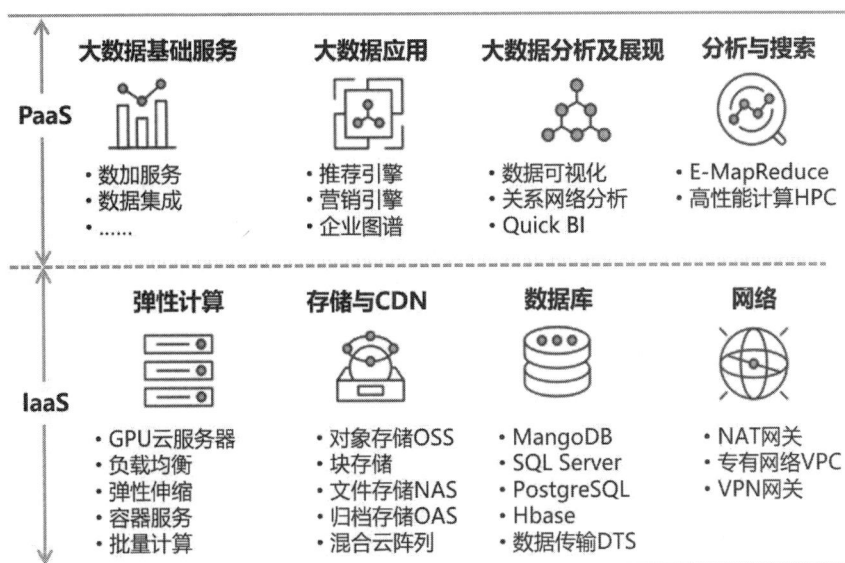

资料来源：阿里云官网（https://www.alibabacloud.com/）

图 4-7　阿里云主要功能

阿里云在完善基础产品体系的同时，积极往上拓展，丰富应用层产品。在 2018 年第四季度就推出了接近 700 种新的产品和功能，主要集中在人工智能应用、数据智能和行业解决方案等领域。

同样在 2018 年，阿里推动了组织架构的升级，将阿里云升级为阿里云智能事业群，阿里云将整合阿里巴巴全集团技术团队，整合集团中台和达摩院的技术，组织升级的目标是打造数字经济时代的智能化基础设施。

在客户选择方面，由 ITValue 和 ValueResearch 在 2015 年联合展开的《IT 决策者投资与生存状态大调研》中调研访谈了国内接近 500 位的企业 CIO，让 CIO 选择所在企业已经在使用或即将使用的云服务厂商，阿里云以 84.62% 的支持率居冠军地位，凸显了阿里云生态体系的价值。如图 4-8 所示。

3）创新性

阿里云在做大做强云计算平台的同时，不断拓展云生态的边界，引领行业的创新发展。2014 年，阿里云成立智能生活事业部，布局物联网。2017 年 4 月，阿里云 IoT 事业部宣布成立。2017 年 6 月，阿里云推出智能生

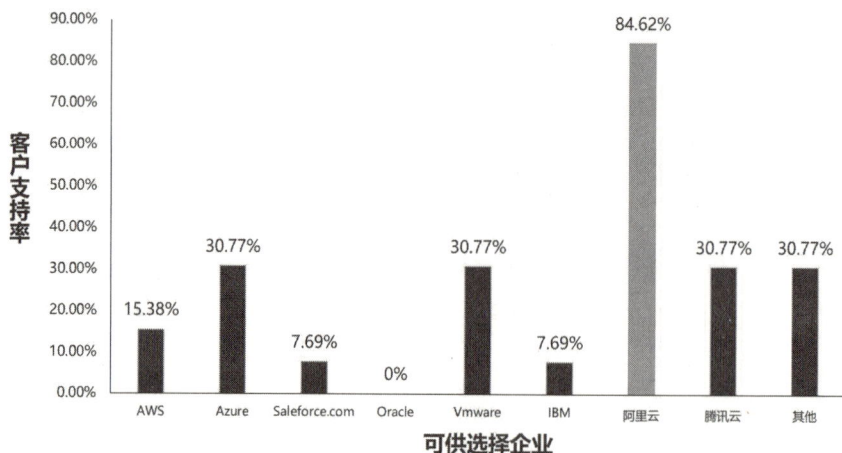

资料来源：ITValue 和 ValueResearch 联合调研报告

图 4 - 8　国内企业 CIO 调研

活开放平台。2018 年 3 月,阿里云宣布战略投入边缘计算,推出首个边缘计算产品 Link Edge。

　　阿里云在创新与拓展边界的同时,联合生态合作伙伴,积极推动相关标准的建设。2017 年 6 月,阿里云联合 200 多家 IoT 产业链企业宣布成立 IoT 合作伙伴联盟(ICA),成员包括信通院、高通、海尔、美的、博世等知名企事业单位,产出白皮书与技术规范共 20 余份,共 150 个品类(生活、城市)标准模型接入智能生活、制造等平台,落地 IoT 垂直领域。

　　阿里云还与国内外多家企业、机构等开展联合创新。2017 年 11 月,阿里云与芬兰企业 Eficode 达成合作,在芬兰首都赫尔辛基成立联合创新中心,为芬兰当地的创新企业提供云计算等新技术支持。2019 年 3 月,阿里云与美的集团建立战略合作伙伴关系,双方将联合研制定制芯片并推出智能家电操作系统平台。美的集团的智能家电产品将能够适配阿里云的定制芯片,利用阿里云在云计算及物联网生态的资源优势,丰富美的智能家电的内容服务,并提升美的智能家电的用户体验。

　　以阿里云为核心的阿里云生态系统不断创新,支撑了阿里云引领国内整个云计算市场的前行,进而推动了阿里云生态系统的进一步繁荣。

4.2　思科

4.2.1　企业基本情况

思科系统公司于 1984 年 12 月在美国成立,和惠普、太阳、雅虎等公司一样,思科也是一个标准的斯坦福系的企业。思科是由斯坦福大学的一对教师夫妇 Leonard Bosack 和 Sandy Lerner 一起建立的,两人分别是计算机系的计算机中心主任和商学院的计算机中心主任。两位创始人在当时设计了一种叫做"多协议路由器"的联网设备,通过"多协议路由器",斯坦福大学校园内的不兼容的计算机局域网可以联结整合在一起,形成一个统一的网络。这个"多协议路由器"联网设备被认为是互联网时代真正到来的标志。1990年,思科成功在美国上市,思科上市后,两位创始人离开了公司。1991 年,约翰·钱伯斯加入了思科,之后在 1996 年,约翰·钱伯斯成为思科新的首席执行官,在约翰·钱伯斯的执掌下,思科成为最受欢迎和增长最快的公司。如今,思科已经成为公认的全球网络互联解决方案的领先厂商,其提供的设备和解决方案已经成为全球众多企业、政府部门搭建互联网的基础,客户包括电信运营商、零售商、金融机构、政府事业部门等。根据 2018 年财年财报显示,思科 2018 年营业收入达到 493 亿美元,全球员工数量达到 74 200 人(见图 4-9)。

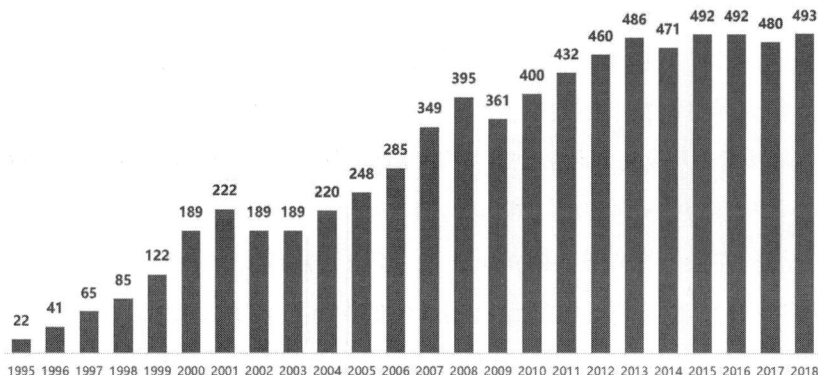

资料来源:思科年度报告(https://www.cisco.com/)

图 4-9　思科年度营收(亿美元)

4.2.2　生态系统战略的实施

1)价值定位

早在思科第一任 CEO 摩格里奇时代(1989—1995 年),思科就制定了四大关键战略:提供完整的解决方案,收购程序流程化,制定网络协议标准,与其他公司结盟。与其他公司结盟就是思科早期的生态系统战略雏形(1993 年穆尔才正式提出"商业生态系统概念")。

摩格里奇总结了结盟的三项原则:公平、平等以及友好。而思科在当时的做法赢得了很高的赞誉。

进入 21 世纪以来,新的网络技术不断发展,思科的领先地位也不断受到新的企业的冲击。思科第二任 CEO 约翰·钱伯斯(CEO 任期 1995—2015 年)执掌思科初期,着力建设思科合作伙伴计划,通过合作伙伴共同推动业务的发展。

2010 年以后,随着通信技术、物联网技术的发展,思科预计万物互联(IoE)在未来十年将创造巨大的市场价值。在 2014 年的思科合作伙伴峰会上,当年的峰会主题是"携手共创奇迹(Amazing Together)",在峰会上思科宣布了升级合作伙伴计划为思科生态系统。

思科打造全新的合作伙伴生态系统,旨在利用思科的平台能力,帮助合作伙伴迎接云计算、大数据等新技术带来的市场转型,并协助合作伙伴抓住万物互联所带来的巨大机遇。

2)组织耦合

云计算的兴起改变了传统 IT 的竞争模式,传统的 IT、网络企业纷纷转型。作为网络设备市场领头羊的思科在 2012 年提出新的目标,要在云计算、互联网安全、无线技术和数据中心等领域扩张,力图从世界一流的互联网通信公司转型为一流的 IT 公司。

思科在云计算领域不断加大投入,区别于公有云和私有云服务提供商,思科携手合作伙伴打造业界最具创新性的业务模式 Intercloud。Intercloud 由思科和合作伙伴组成的全球网络进行托管,能够提供以网络为中心的云服务。不同于公有云和私有云,Intercloud 跨越不同的公有云或私有云,能够实现将工作负载轻松、安全地组合和迁移。

思科创造了具备高速安全性的混合云环境,迎合了行业客户的多云需求,但是若要满足行业客户的最终需求,为行业客户的数字化转型提供应用服务,还需要软件开发商、系统集成商等各类合作伙伴的支持。

思科在全球合作伙伴生态系统中专门打造了云生态系统,期望通过云生态系统的构建,聚合"云"构建商、"云"提供商、"云"服务经销商等各类生态合作伙伴,云生态系统的构建将帮助合作伙伴定位在"云计算"中的新位置,促进业务模式发展,充分利用并且共同受益于巨大的"云"市场机遇(何军,2015)。

3)生态编配

经过多年以来的持续创新和最佳实践经验积累,思科硬件、软件等产品和服务,比如云计算相关产品,已经在诸多方面具有领先优势,从而奠定了思科在整个生态系统中的核心价值。

对于思科生态系统中的各类合作伙伴,思科给予他们多方面的协助和支持。思科的生态合作伙伴可以利用思科的硬件、软件以及平台服务,开发面向各种行业的解决方案。

思科开放了其强大的覆盖全球的渠道体系,生态合作伙伴可以通过覆盖接近7万个的渠道合作伙伴在内的订购工具将合作伙伴的解决方案推向市场。生态合作伙伴可以联手思科一起推动解决方案上市工作,从而凸显差异化。

思科在中国市场推进本地化策略,实施了中国特色的云发展战略,本地化策略中最关键部分就是"以生态合作伙伴为中心"的思科云生态系统。思科在中国本地市场联合各类合作伙伴,共同推进本地化的产品创新,并推动生态合作伙伴在 IT 管理能力、技术发展等领域不断提升整体能力。思科在向合作伙伴分享全球最佳实践经验的同时,积极帮助合作伙伴打造面向不同行业(例如工业制造业、医疗健康等)、不同行业客户类型(例如大型企业、小型企业),适配本地客户需求的解决方案。

思科在打造生态系统,联合合作伙伴开发本地市场的同时,也积极帮助合作伙伴和行业客户打造"X as a Service"平台,让合作伙伴具备开发和应用 IaaS、PaaS 和 SaaS 的整体能力,推动合作伙伴的数字化转型,通过打造新型的解决方案挖掘利润增长新的空间。

4.2.3　协同效应的建设

1)平台效应

随着云计算、大数据、物联网、人工智能等新兴技术的发展,网络领域也在经历巨大的变革,而基于意图的网络(IBN)正在影响网络发展的走向。

Gartner 认为,"基于意图的网络"最大好处是提高了网络的灵活性和可用性,并能够支持跨多个基础设施的统一意图和策略;全面 IBNS(基于意图的网络系统)的实现可以将网络服务部署交付时间有效减少 50% 到 90%,同时将停机的次数和持续时间减少至少 50%。

思科在网络技术领域一直扮演领导者的角色,针对 IBN,思科在 2017 年发布了全智慧网络战略,并首次推出自己的 IBN 产品。思科通过全智慧网络战略发布及产品布局,已由实践者的角色实现向引领者的角色跃迁。

思科正是基于 IBN 领域全智慧网络平台的影响力,推动其全球合作伙伴生态系统的成长,众多的合作伙伴选择加入思科的生态系统,一方面通过思科的赋能实现自身的转型,另一方面融合思科的平台能力,开发面向行业的应用服务。

2)价值共创

思科合作伙伴生态系统的核心组成部分是全新的思科解决方案合作伙伴计划,新的解决方案合作伙伴计划是为了吸引多个领域的合作伙伴,包括独立软件开发商、咨询公司、集成商等,通过与解决方案合作伙伴的合作,开发出更多的面向行业的解决方案。

思科也在积极地开展生态创新,通过收购创新公司补充自身生态系统的创新力量:

(1) 2017 年 1 月以 37 亿美元收购了 AppDynamics,成为思科云监控服务的基础,为网络和应用提供端到端的可视性。

(2) 2017 年 5 月以 6.1 亿美元收购了 SD-WAN 厂商 Viptela。Viptela 提供基于云的 SD-WAN 技术,能够简化管理、提高灵活性,并降低互联企业网络的成本。

（3）2017 年 7 月以 19 亿美元的价格收购了 Broadsoft，Broadsoft 提供基于云的统一通信服务。

这些收购的创新公司很好地与思科基础平台进行融合，提升了思科生态系统的基础能力，促进了生态系统的进一步发展。

3）共生发展

思科构建全球合作伙伴生态系统是希望通过生态系统的合力抓住万物互联带来的巨大机遇，作为核心企业，思科采取了多种措施管理合作伙伴，并赋能合作伙伴，进而推动整个生态系统的发展。

为不同类型的合作伙伴提供联结等支持服务：

（1）为合作伙伴提供更多的市场机会，支持合作伙伴基于思科的软硬件产品、平台服务，开发更多的引领行业趋势的解决方案。

（2）连接解决方案与渠道合作伙伴，渠道合作伙伴可以通过思科的订购工具（Cisco Marketplace）轻松与解决方案合作伙伴建立联系，并从中获取不断快速更新的解决方案集。

思科精简认证结构，以更好地支持合作伙伴获得差异化优势。

（1）金牌认证合作伙伴：行业客户要求其信息化解决方案提供商通过现场或者云服务方式来完成交付。金牌认证合作伙伴需要能够提供混合 IT 业务模式，并能够向行业客户销售至少四种云/托管服务。

（2）高级和优选认证合作伙伴：合作伙伴将至少拥有一款云/托管解决方案，以及一项 Cisco Express 或高级架构专业化认证。

另外，在全球商务模式方面，思科简化和丰富激励计划，以更好地肯定和奖励合作伙伴价值。

4.2.4　持续竞争优势的构建

1）效率

思科一直以来对研发的投入就比较大，通过研发提升自身产品的能力，并不断丰富产品体系。多年以来思科在主营业务交换器和路由器市场遥遥领先。

根据 Synergy 研究集团的数据显示，思科在以太网交换器、企业路由器、服务提供商路由器三个市场的份额遥遥领先竞争对手,在企业路由器市场的份额甚至超过了 80%。

在云计算时代,思科结合自身的优势积极发展混合云,打造差异化竞争优势。思科混合云解决方案,能够让行业客户在混合云中避免多种运营模式,让工作负载部署更为灵活并能够保持一致的网络和安全策略,思科混合云极佳的性能获得了企业的鼎力支持。

2)持续性

思科一直支持合作伙伴的业务推广,自从思科合作伙伴计划升级为思科合作伙伴生态系统后,思科结合自身在云计算产业中的积累和优势赋能合作伙伴的转型,让合作伙伴找到其在云计算产业中的新的定位。

思科生态系统合作伙伴借助思科的平台实力,推动客户的信息化升级。典型客户美国加利福尼亚州圣巴巴拉市的一个小型人文科学学院威斯蒙特学院在思科合作伙伴的协助下,使用思科托管协作解决方案,实现了华丽转身,eCampus News 将威斯蒙特学院 IT 部门评选为全国人文科学学院部门领导者之一。

思科和思科合作伙伴生态系统也受到了客户的认可,威斯蒙特学院 CIO 做出了极高的评价,"各个单独的组件完美融合到一起,为我们带来的优势远远超过这些组件的价值总和。"

3)创新性

为了应对 AI、云计算推进的数字化进程,思科创新地研发了基于意图的网络(IBN)来应对网络变革的浪潮。

思科在 2017 年 6 月推出了基于意图的网络产品组合:思科全数字化网络架构(DNA)及其核心控制软件 DNA 中心。后来经过三次迭代更新,思科逐步实现 IBN 的构建,为企业 IT 提供了一种更简单高效的方式来控制企业最具价值的资产,即网络基础设施。

思科用前瞻的眼光和创新的技术将数字化时代的 IBN 从构想一步步变成现实,而 IBN 也受到了业界的认可,Gartner 认为 IBN 将成为企业数字化转型的基石。

思科也在云计算的细分领域引领潮流,HCI(Hyper Converged

Infrastructure)作为云计算的前沿领域,近两年受到云计算厂商和创新企业的追捧,而根据 Forrester 2018 的年评估报告,思科已经成为 HCI 领域的领导者。

4.3　小米

4.3.1　企业基本情况

小米集团成立于 2010 年 3 月,并在当年 8 月推出 MIUI 首个内测版。小米手机在 2011 年 8 月正式发布,同时小米社区正式对外上线。自从 2011 年小米发布首款智能手机以来,小米以其开创的超高性价比、互联网营销模式而迅速崛起,通过两年多的时间就挤进了中国手机销量前三名,2014 年、2015 年连续占据中国智能手机销量排行榜第一名,开创了令世人惊叹的小米速度。

2017 年以来,小米对战略进行了重大调整并加强核心能力建设,小米智能手机也在 2017 年呈现逆势增长之势,实现了 74.5% 的年度增长,重新跻身全球智能手机销量前五名。同时,小米积极拓展全球市场,在 14 个国家挤进了手机销量前五名。

小米成立之后经历 7 年多的发展,在 2018 年 7 月正式在香港主板上市。根据小米招股说明书显示,小米集团已经不是一家传统意义上的硬件公司,而是一家新型的互联网公司,是一家以手机、智能硬件和 IoT(Internet of Things 物联网)平台为核心的互联网公司。小米正在构建"智能硬件＋新零售＋互联网服务"的独特商业模式,并将其打造成为独一无二的护城河。

小米逐渐形成兼具产品型创新公司、渠道零售商、互联网公司的多重特征。同时,区别于 BAT 典型的互联网公司,小米通过"渠道/供应链/生态＋投资＋孵化"的模式构建小米生态链,小米期望通过资源赋能和产品协同,和生态链公司之间形成强大的企业同盟。

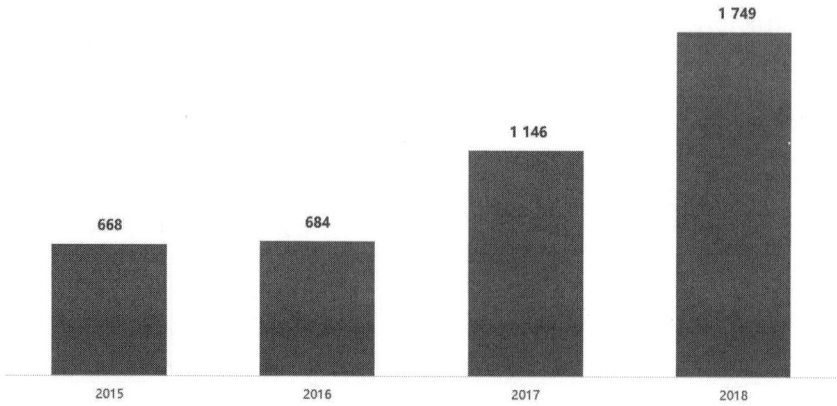

资料来源：小米年度报告（https://www.mi.com/）

图 4‑10　小米年度营收（亿元）

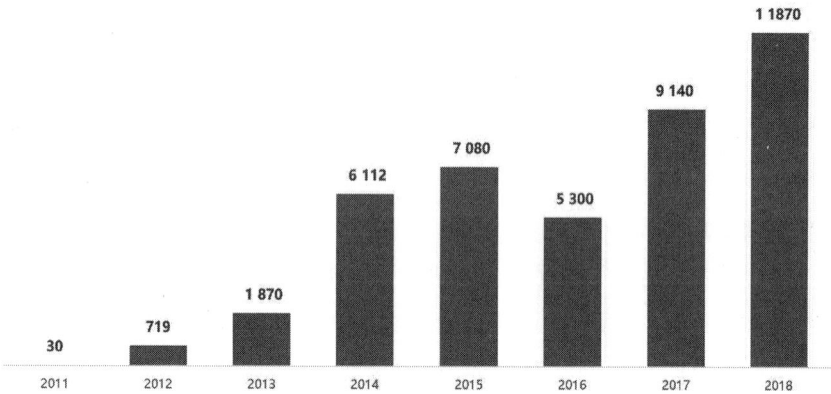

资料来源：小米年度报告（https://www.mi.com/）

图 4‑11　小米手机历年销量数据（万部）

表 4‑1　小米生态链企业

公司	成立时间	行业/领域	主要产品
视感科技	2015.04	消费电子	智能吉他
峰米科技	2016.03	消费电子	智能投影仪
爱其科技	2013.04	消费电子	智能互动型机器人
趣睡科技	2014.10	智能家居	智能床垫

（续表）

公司	成立时间	行业/领域	主要产品
青米科技	2014.02	智能家居	小米插线板
疯景科技	2015.04	消费电子	360 度全景摄像机
机器岛科技	2016.01	消费电子	儿童陪伴机器人
小蚁科技	2014.09	消费电子	小蚁智能摄像机、行车记录仪
慕声科技	2014.04	消费电子	高品质耳机
纳恩博	2013.09	硬件	9 号平衡车
紫米科技	2012.02	消费电子	小米移动电源、彩虹电池
云柚科技	2014.09	智能家居	无线联网门锁
绿米科技	2009.12	智能家居	小米温湿度传感器、小米门窗传感器、小米智能插座等
蓝米科技	2009.07	消费电子	耳机
云米科技	2014.05	智能家居	小米净水器、水质 TDS 检测器
智米科技	2014.06	智能家居	小米空气净化器
华米科技	2014.01	可穿戴设备	小米手环、华米手表
创米科技	2014.04	智能家居	米家小白智能摄像机、小米网络收音机、小米万能遥控器
睿米信息	2015.01	车载硬件	车载蓝牙播放器、车载空气净化器
爱和健康	2015.09	可穿戴设备	智能健康产品
纯米科技	2013.07	智能家居	智能电饭煲
小寻科技	2015.07	消费电子	米兔儿童电子手表等
骑记科技	2011.09	消费电子	电助力折叠自行车
万魔声学	2013.02	消费电子	小米活塞耳机、小米头戴式耳机等
商米科技	2013.12	消费电子	移动支付智能硬件
花花草草	2015.01	智能家居	智能盆栽设备
忆联客	2010.12	智能家居	床头灯、智能台灯

资料来源：IT 桔子数据服务（https://www.itjuzi.com/）

4.3.2　生态系统战略的实施

1)价值定位

小米成立于 2010 年,以其开创性的超高性价比、互联网营销模式,快速成为一家全球瞩目的智能手机厂商,用时两年进入中国手机销量前三名。但是,智能手机市场已经成为红海市场,智能手机的需求已然呈现下滑趋势。

然而,另一方面,随着物联网技术的不断成熟,物联网市场开始快速发展。根据 IDC 预测数据显示,2014 年全球物联网市场规模达到了 6 558 亿美元,之后以年复合增长率 16.9%的速率高速增长,预计到 2020 年,全球物联网市场空间将达到 1.7 万亿美元。

由于认识到了智能手机行业的局限性,以及意识到了万物互联带来的巨大市场潜力,小米创始人雷军在小米成立不久就前瞻性地提出了"物联网"战略,依托小米的优势资源,通过投资＋赋能的方式布局终端硬件企业,通过团队作战布局万物互联大市场。

这也是小米生态链的起源,雷军的生态链梦想是"通过 200 个小米工程师,撬动 200 家生态链公司、数万人的员工、千亿资本的投入"。随着生态链的扩充,小米希望和生态链企业一起组成"打赢团战"的组织(小米生态链谷仓学院,2017)。

2)组织耦合

随着智能手机市场成为红海市场,竞争开始转向新的领域,智慧家庭作为万物互联时代一个关键场景成为智能硬件厂商角逐的新领域。智慧家庭场景就是小米生态链企业重点关注的领域。

小米的目标是通过资源赋能和产品协同的双边关系,和生态链企业之间不断形成强大的兄弟联盟关系。

为了吸引和聚集生态链企业,小米通过智能手机的生产和运作,不断打造和提升小米自身的基础设施和生态资源能力。

基础设施能力主要包括以下方面:

(1) 基础技术:自研人工智能、大数据等技术。

(2) 内容/服务:通过 10 亿美元内容基金投资了爱奇艺、优酷等,打造自己的互动娱乐服务。

（3）云平台：投资金山和世纪互联，小米云做应用层，金山云承担中间层，世纪互联提供网络基础设施。

（4）应用入口：打造统一米家、小米运动等 App 入口。

（5）开发者平台：打造统一的小米 IoT 开发者平台。

（6）统一协议：制定统一的智能模块、网络控制路由器和连接协议。

同时，积极提升小米生态资源的整体能力，包括商业模式、资本、品牌、工业设计、产业链、新零售渠道、用户资源等。

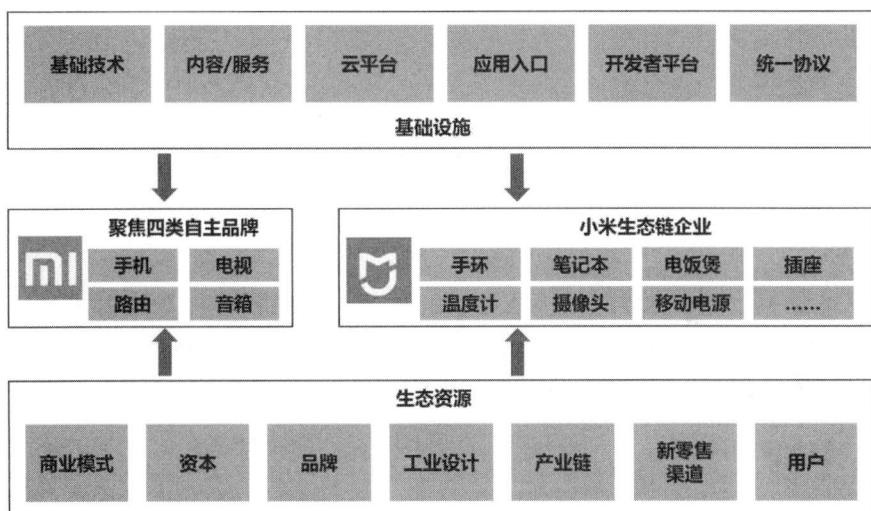

图 4‑12　小米为生态链企业赋能

其中，小米通过自主品牌，尤其是小米手机，在全球收获了大量的发烧友和"米粉"，而发烧友通过小米社区又反向影响小米手机的设计，进一步提升了小米手机的吸引力。这也直接促使了小米手机的全球手机出售量一直名列前茅。

小米积累的用户资源也成为小米生态链企业的有效用户来源，为小米生态链企业的产品推广奠定了用户基础。

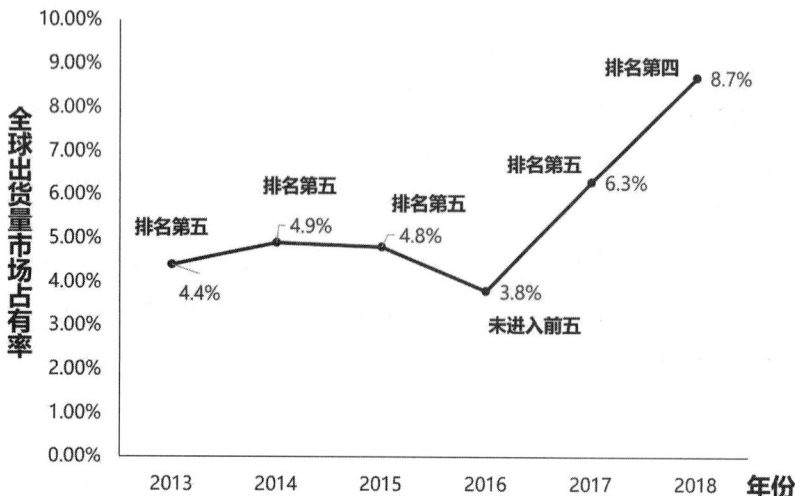

资料来源：小米年度报告以及公开市场调研数据(https://www.mi.com/)

图 4‐13　小米手机全球出货量市占率及排名

小米的目标是撬动有着万亿市场规模的物联网市场,目标的实现需要产品覆盖范围广泛的生态链企业参与,通过生态链企业布局不同的物联网应用场景。小米则通过基础设施和生态资源对小米生态链企业双向赋能,将小米的技术架构、用户资源和线上线下的新零售渠道开放给生态链企业。目的是能够通过赋能独立的企业快速抢占各种细分万物互联场景,而又不至于无线增长小米自身的体量,使小米灵活运转(苗兆光,2017)。

3)生态编配

小米通过自主品牌的小米手机、路由器、小米电视和音箱产品系列构建了智能化生活场景。而小米投资孵化的生态链企业主要围绕着小米的核心产品和智能生活和智能家居的场景展开。小米生态链企业发布的产品分为以下三类:

(1)手机周边:包括移动电源、充电器、蓝牙音箱等。

(2)智能硬件:智能摄像机、电饭煲、空气净化器等。

(3)生活用品:背包、拉杆箱、牙刷、枕头等。

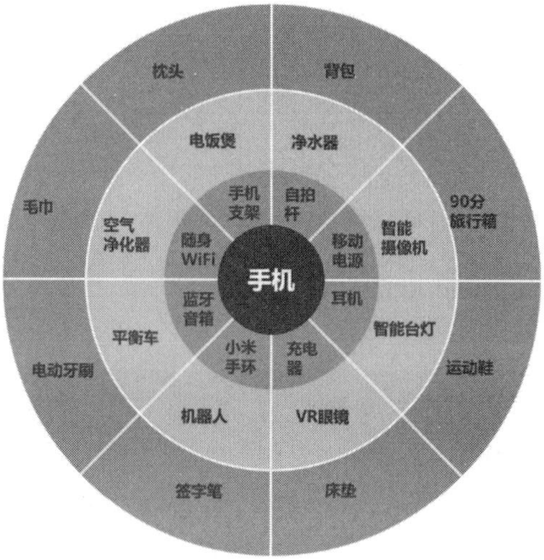

资料来源：小米生态链战地笔记

图 4－14　小米生态链企业产品分布

　　小米对生态链企业不仅仅是投资，小米会从资金、资源、方法论等维度帮助生态链企业复制小米模式，能够让生态链企业快速打造市场上一流的产品。

　　基于此目的，小米在 2013 年就成立了小米生态链部门，负责用小米的价值观投资孵化生态链企业。最初的小米生态链部门包括供应链管理、业务分析、品控等部门。经过几年的发展，小米生态链部门进一步细分，其在小米集团内的重视度也进一步提升。而在前期成本和后期利益分配方面，小米通过承担生态链公司前期的渠道、供应链、生态成本，迅速将生态链公司推进行业第一梯队，后期通过股权投资分享生态链公司自身的发展红利。

　　小米生态链公司如同一片竹林，初期公司从小米与生态链组织"根系"吸收养分快速长大，自力更生后又能为根系和其他企业供给养分，这样生态链企业形成了一种共生互助的关系，业务之间有较强的协同。如紫米科技通过打造移动电源，成为电池领域的领导者，而这些经验帮助小米生态链其他企业完善电源技术，或提供电池产品。

4.3.3　协同效应的建设

1）平台效应

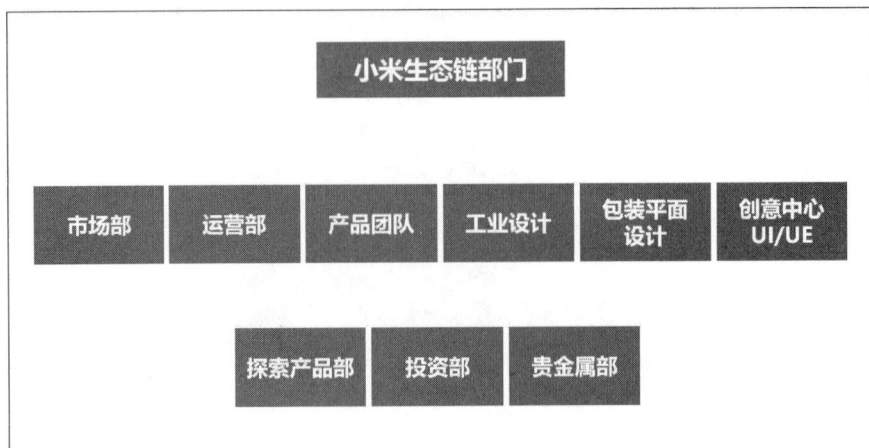

资料来源:小米生态链战地笔记

图 4‑15　小米生态链部门组织架构

小米通过升级铁人三项战略,进一步提升了小米的平台聚合效应。在硬件领域,通过提升小米智能手机出货量,打造流量入口。新加入的"新零售",通过线上米家有品、小米商城和线下小米之家,打造覆盖全面的新零售渠道。

流量入口和新零售渠道成为有效吸引硬件企业加入小米生态链的源泉和动力。

2)价值共创

对于生态链企业,小米首先具备选择权,小米选择合适的企业进行投资并使其加入小米生态链。小米一方面通过基础技术赋能和产业链支持加速小米生态链企业的成长,另一方面生态链企业又反哺小米,双方实现共同成长。

小米和生态链企业之间的协同模式主要有以下几方面:

(1)小米输出资金、资源、方法论给生态链企业。

(2)生态链企业通过有设计感有创意的生态链新品的持续发售,让小米或米家的品牌保持前锋性与持续的高曝光度。

(3)通过销售衍生品、生态链产品的提成获取更多利润,同时多元化的产品组合能抵消科技产品不确定的周期性。

（4）生态链产品通过为用户提供服务获取到多场景多维度数据（身体健康、睡眠时间、饮食习惯、食物存储量、环境质量、家庭安全等）。

（5）基于统一的技术平台和多场景数据分析，生态链企业能够协同工作（手环监测用户睡着，关灯），并为用户提供更智慧的协同服务。

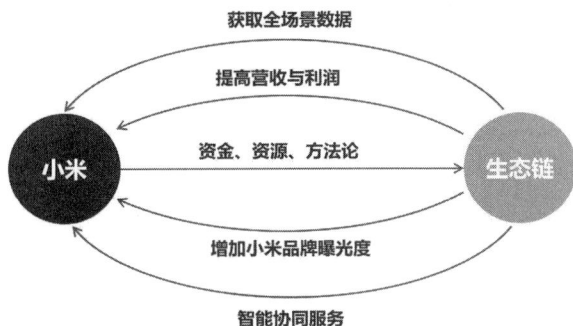

图 4 - 16　小米与生态链企业间的协同

3）共生发展

小米对于进入小米生态链的企业进度多维度的赋能和支持，意图通过做大整个生态链，抓住物联网的巨大机遇，成长为万亿级大公司。

（1）品牌支持：因为有小米品牌，生态链企业从籍籍无名的生产厂家一跃成为品牌公司。

（2）用户群支持：小米已经拥有了超过 3 亿的忠实用户，庞大的用户资源是生态链企业可靠的持续销售群体。

（3）渠道支持：小米有极强的线上销售能力、全网销售能力，每逢双十一、618 等大型电商活动，小米都是主打品牌之一。线下又有了小米之家和米家有品这两大新平台，渠道更为全面。

（4）融资背书：凭借小米在资本领域的口碑，生态链公司会凭借这份背书收到资本方的青睐。

凭借资本—渠道—品牌营销—供应链管理—产品管理—用户研究—设计的小米生态链"孵化矩阵"，小米还给进入小米生态链的企业赋能，帮助生态链内企业打通供应链，利用小米自身对产品的准确把握，帮助生态链企业打磨产品,制造爆款。

4.3.4　持续竞争优势的构建

1)效率

根据小米 2018 年财报显示,小米在 2018 年度实现总营收 1 749 亿元人民币,同比增长 52.6%。2018 年全年,小米售出 1.19 亿台智能手机。在全球手机销量持续下滑的不利环境下,小米智能手机反而增长了 29.8%,是在需求饱和的智能手机行业仍然保持持续高速增长的公司。

2018 年末,物联网平台已连接的物联网设备数约 1.51 亿(数据不包括手机和电脑连接数),同比增长接近 200%。同时拥有 5 个以上小米物联网设备的用户数约 230 万,同比增长超过 100%。

小米通过丰富产品类型、完善产品质量以及客户体验,持续优化推荐算法,使小米保持了更高的活跃用户数群体,小米操作系统 MIUI 的月活跃用户数在 2017 年 12 月有 1.71 亿人,而到了 2018 年 12 月的月活跃用户数达到了 2.42 亿人,同比增长 42%。在用户收入贡献方面,2018 年全年互联网服务的 ARPU(Average Revenue Per User),从 2017 年的人民币 58 元增长到人民币 66 元,增幅达到 14%。

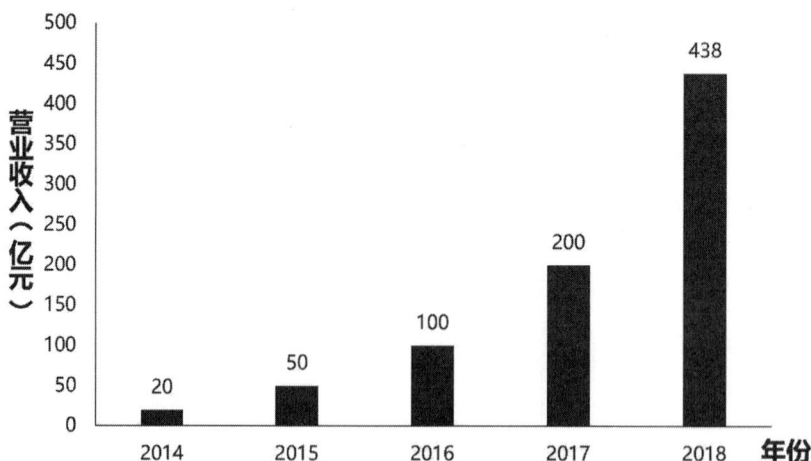

资料来源:小米官方数据以及公开市场数据(https://www.mi.com/)

图 4-17　小米生态链企业营业收入

经过几年的努力,小米已经成长为全球最大的智能硬件平台。

另一方面,小米生态链公司也在快速成长,在小米公司资金、研发、设计、制造、销售等资源支持下,2018 年小米生态链企业年销售额突破了 438 亿元人民币,相较 2017 年销售额完成了 119% 的增长。

2)持续性

2018 年小米升级了原来的铁人三项战略,塑造 AIoT 硬件、互联网和新零售的新三项战略。

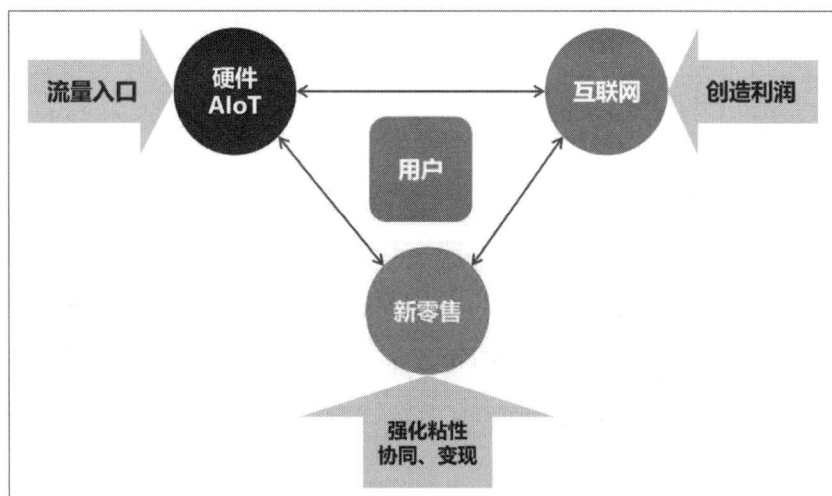

资料来源:小米 2018 年度财务报告(https://www.mi.com/)

图 4‑18　小米升级后的铁人三项战略

对于 AIoT 硬件,将通过感动人心的性价比和卓越的用户体验提升智能手机和 IoT 设备出货量,打造流量入口。

对于互联网业务,提升 MIUI 月活用户数,加快用户的互联网收入转化。

对于新零售,线上有米家有品、小米商城等高效渠道,线下大范围铺设小米之家加盟店。通过新零售渠道为生态链企业提供高效销售渠道,确保商品高效率低成本地交付给用户。

小米和小米生态链企业之间已经形成稳固的"竹林效应"。小米生态链模式已经成功培育出 4 家估值超过 10 亿美元的"独角兽"——紫米、华米、智米、纳恩博。目前,生态链公司中华米科技、润米母公司开润股份分别在美股和 A 股上市,青米母公司动力未来挂牌新三板。

3)创新性

在核心的底层技术上积累并不断创新,才能更有机会在产品创新上快人一步,实现差异化竞争,小米积极布局提升核心技术的积累。

小米积极布局人工智能、虚拟现实等核心技术。2016 年,小米探索实验室,投入大量资源研究虚拟现实/机器人等新兴科技,截至 2018 年 4 月,小米人工智能与云平台部门已经有 800 多人。

重金打造自家芯片,成为拥有自主芯片的四个手机厂商之一。2013 年底,小米秘密启动芯片项目,2017 年 2 月,松果处理器发布。投入的研发成本已超过 10 亿元。

积累专利技术,助力全球化。小米累计申请的全球专利达到 25 000 多件,授权总量接近 6 000 件,其中有接近一半的专利是全球专利。

和百度、商汤等诸多技术巨头进行深度合作。小米快速将商汤、旷视、搜狗等公司的机器视觉或语音识别技术应用到自家的手机、电视等产品之中。2017 年底,和国内人工智能领军企业百度达成战略合作,共同推动人工智能对物联网设备的赋能。

4.4   GE 数字集团

4.4.1   企业基本情况

在 2008 年,通用电气(General Electric,简称 GE)遭遇了金融危机,当年原本占 GE 盈利接近一半的金融服务部门,利润下降了接近三分之一,使得 GE 整体盈利下降了 15%。虽然 GE 躲过了金融危机,但是作为传统工业巨头的 GE,其第九任 CEO 杰夫·伊梅尔特开始思考停下继续发展金融服务的脚步,转而聚焦工业领域。在伊梅尔特的带领下,GE 发现,现在的行业竞争不仅仅来自工业领域本身(比如西门子、罗克韦尔等),真正的也可谓是最大的威胁反而来自行业以外的领域。最为明显的威胁来自互联网行业,因为越来越多的传统行业已经被互联网厂商所颠覆:Google、Facebook 颠覆的传统的广告商业模式,Amazon 重新定义了零售行业,传统住宿和商业地产租赁领域则受到了以 Airbnb、Wework 为代表的共享经济新贵的威胁。同时,通信领域企业(思科、AT&T)、解决方案厂商(IBM)、软件厂商(Microsoft)也对工业领域市场觊觎已久。面对工业领域的内忧外患,伊梅尔特决心将数字化转型作为发展重点,将 GE 打造成为新型的软件企业。

在 2010 年,GE 在美国加州成立了软件中心(GE Software),中心的一个目标就是开发一个面向工业制造行业级操作系统,意图成为工业领域的"Windows"或"Android"。2012 年,GE 提出了后来被业界追捧的"工业互联网"概念,其后一年,一个基于云计算的软件平台 Predix 被开发出来。出于战略考虑,Predix 被 GE 重新定义为工业应用中的云操作系统,使其成为 GE 数字化转型的基础。

2015 年,GE 基于 GE 软件中心并整合集团的 IT 部门成立了 GE 数字集团,成立后的 GE 数字集团首先宣布将 GE Predix 全面对外开放,2016 年,GE Predix 工业互联网平台正式投入运行。Predix 的运行非常类似于苹果的 iOS 和 Google 的 Android,第三方企业可以基于 Predix 的标准,在 Predix 平台创建、开发和部署自己的工业互联网应用。

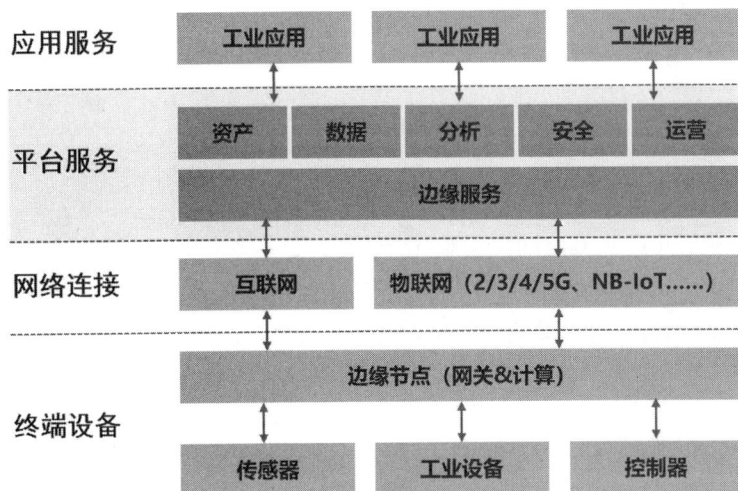

图 4-19　工业互联网平台架构

借用物联网平台体系架构(终端—连接—平台—应用,四层体系架构),

工业互联网平台可以分为以下四层：

(1)终端设备:覆盖各类工业生产中的传感器、工业设备、控制器等。

(2)网络连接:包括互联网、运营商提供蜂窝物联网以及私有网络等。

(3)平台服务:包括资产、数据、分析、安全、运营在内的各类应用使能平台服务。

(4)应用服务:结合工业行业特色的各类工业应用服务。

GE Predix 平台主要聚焦平台服务,提供丰富的平台功能,支撑自身以及第三方合作伙伴开发面向航空、工业制造、能源等行业的各种应用服务。

4.4.2　生态系统战略的实施

1)价值定位

根据高盛 2011 年发布的报告显示,过去十年和工业数据相关的成本大幅增加,而另一方面,数据的利用效率极其低下,处于分散、孤立状态的数据难以得到有效利用,从而造成了巨大的信息资源浪费,这直接反映了传统的工业模式无法适应新一代生产管理的需求。

大量的工业企业在生产和经营上面临巨大的压力,首先,环境安全的标准和审查越来越严格,从而导致生产成本增加,尤其是能源石化业务。其次,生产效能和利润增长越来越乏力,产品要么面临市场的饱和,要么遭遇需求萎缩。第三,客户对于产品的定制化需求越来越高,然而,传统生产设备和管理方法难以实现生产效率的突破。

传统工业巨头 GE 同样面临困境,尤其是在 2008 年金融危机以后,GE 的营业收入和利润遭遇重创,一直到 2013 年以来都处于历史低位。

另外,来自工业、互联网、通信领域的竞争对手逐渐增加,竞争越来越激烈。在此环境下,GE 开始反思并谋求转型。

2012 年 GE 发布一份影响力巨大的白皮书,即《工业互联网:突破机器和智慧的边界》,试图探索突破传统工业效率天花板的全新办法,正式宣告了 GE 走向数字工业转型的道路。GE 指出未来十五年通过能效提升、效率优化能够带来巨大的效益。GE 在白皮书中提出了 1% 的力量,在石油天然气行业,降低 1% 的资本支出将节约 900 亿美元;在医疗健康行业,系统效率

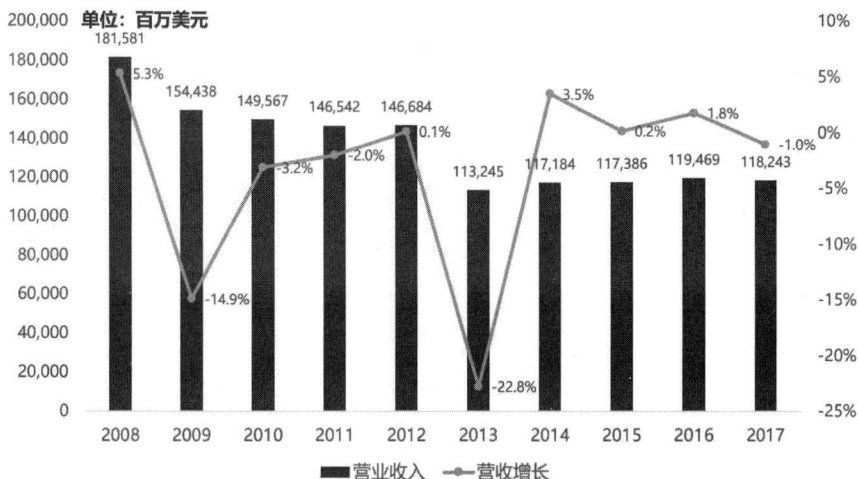

资料来源:GE 年报(https://www.ge.com/)

图 4‑20　GE 2008 年以来的营收情况

提高 1%将带来 630 亿美元节约,在铁路行业,系统效率提升 1%可以节约 270 亿美元。

资料来源:GE《工业互联网——突破机器和智慧的边界》白皮书

图 4‑21　GE 工业互联网:1%的威力

GE 的转型受到了当时 GE CEO 杰夫·伊梅尔特的全力支持。GE 前任 CEO 杰克·韦尔奇(1981—2001 担任 GE CEO)奉行多元化战略,那时 GE 拥有包括工业、金融、新闻在内的业务集团。伊梅尔特开始转变这种战略,开启"去多元化"和工业数字化战略进程,一边主动剥离高利润率的金融业务,一边回归制造业的布局,加大研发投入,重拾发明创造的传统。

早在 2011 年,GE 在硅谷附近设置了独立于整个组织架构之外的软件部门,专门致力于研发 Predix。2013 年,GE 首次发布全球首个面向工业制造行业的云解决方案——Predix,引领了工业物联网时代的到来。

2015 年,GE 正式成立了 GE 数字集团(GE Digital),GE 数字集团整合了 GE 软件部门,以及 GE 其他数字化相关业务,GE 数字集团成为 GE 整个组织架构下的新宠儿。

新成立了 GE 数字集团,致力于围绕 Predix 打造以软件和数据能力为核心的新型工业制造公司,向航空、工业制造、能源等传统行业提供工业互联网解决方案。CEO 伊梅尔特的愿景是,使每一家工业企业都成为一家新型的数字化公司,并且将"跻身全球前十大软件公司行列"作为 GE 2020 年的战略目标之一(谢世城,2017)。

GE 重塑工业根基的核心平台就是 Predix,Predix 最初是 GE 资产绩效管理(APM)的内部平台(GE for GE),后来扩大到了 GE 旗下的其他工业业务(GE for Customer),最终 Predix 成为 GE 工业互联网的核心能力平台(GE for World)。

图 4-22   GE Predix 的演进

GE 数字集团成立后,GE Predix 向所有企业开放,第三方企业开始基于 Predix 开发各行各业的工业互联网应用,也预示着 GE 数字集团开始打造工业互联网生态系统。

2)组织耦合

随着云计算、大数据等技术的发展,行业的边界逐渐模糊,传统的工业行业也不例外,工业行业的企业正在受到互联网厂商以及创新企业的挑战。

在云计算时代,传统工业企业必须进行数字化转型,并学会挖掘产品中的数据价值(通过数据分析预测优化产品和服务),否则难以应对数字领域企业的跨界竞争。

GE 正是为了摆脱这种困境,迈开了数字化转型的步伐,并催化了 Predix 的诞生。

GE Predix 物联网平台是 GE 数据中心之上的垂直物联网平台,Predix 的核心功能就是连接各种工业制造终端、资产设备和工业企业的各类信息系统,为工业制造企业提供设备连接、设备管理、应用开发、数据存储、安全和行业应用等服务。

Predix 是建立在微软的 Azure(IaaS)和亚马逊(IaaS)云计算服务以及运营商网络连接之上的 PaaS 层平台。

根据 GE Predix 的平台架构,GE Predix 是边缘到云应用的综合平台(edge to cloud app platform),Predix 不仅仅提供 PaaS 层平台服务,它还融合了自身的层次化技术架构(Predix 机器—Predix 连接—Predix 云—Predix 服务—开发服务),实际上 Predix 囊括了物联网的三个层次。

边缘端:Predix 边缘服务通过软件和互联网的方式,连接边缘设备和云端。Predix 主要提供"Predix Machine(Predix 机器)"和"Predix Connectivity(Predix 连接)"两类服务。

平台端:Predix 是基于"Cloud Foundry"构建的服务平台,Predix 主要是一个提供应用使能服务(AEP: Application Enablement Platform)的平台,其提供工业应用的基础工具模块,涵盖了构建工业互联网应用的各个方面,包括设备连接、数据存储/分析、应用开发、安全管理、设备运维等,基础工具模块不断地丰富和扩大。

应用端:Predix 应用是为各类工业设备,提供相对完善的设备状况监测和故障预测、生产排程优化等应用场景,采用数据驱动和机理结合的方式,旨在解决传统工业几十年来都未能解决的质量、效率、能耗等问题,帮助工业企业实现数字化转型。

GE Predix 成为 GE 数字化转型的重中之重,而 GE Predix 工业互联网平台能够获得工业制造行业的认可,还取决于 GE Predix 平台之上能否有丰富的应用服务(比如资产管理、设备监测等)供行业客户选择,工业互联网应用的丰富还需要 GE Predix 的生态系统建设。

GE Predix 积极建设生态系统,吸引和聚集开发者和各类合作伙伴,一方面拉拢横向合作伙伴,壮大和丰富 Predix 的平台能力;另一方面,不断扩充纵向合作伙伴,这些合作伙伴本身有大量的工业客户,通过与 Predix 合作,可以开发和提供非常多的针对工业设备性能提升、预测性维修、供应链管理的应用。

GE Predix 类似于苹果的 iOS 和谷歌的 Android,其实就是工业互联网中的操作系统,而一个操作系统是否成功,在于上面是否有足够多的应用,应用越丰富,越能吸引用户,并进一步繁荣操作系统(王一鸣,2017)。

3)生态编配

GE 数字集团的 Predix 平台已经成为整个工业领域的基础性平台,同时它又是一个开放的平台,它可以应用在工业制造、能源、石油、医疗等各个垂直行业领域。经过几年的发展,Predix 已经成为工业互联网界极具代表性的平台,成为国内外众多企业模仿和学习的对象。

GE 非常清楚,工业互联网要真正发展起来,构建一个繁荣的生态是非常重要的。

为了打造围绕 Predix 的生态系统,GE 数字集团聚集多类生态合作伙伴,共同推进工业互联网的发展。

(1)横向生态合作伙伴。横向合作伙伴是以丰富 Predix 平台的横向协作能力为目的,包括微软和苹果这些大型 IT 企业,还包括大量的创新公司。微软云平台 Azure 为 Predix 提供了坚实而强大的 IaaS 平台、机器学习能力,而苹果则丰富了 Predix 开发工业级移动应用的能力。

(2)纵向生态合作伙伴。纵向合作伙伴包括咨询公司、系统集成商和独立软件开发商。这些合作伙伴自身有大量的工业客户,可以基于 GE Predix 平台,为他们的工业客户开发定制化的工业应用和数据分析的整体解决方案,包括 Infosys、Wipro、Accenture、Capgemini 等全球性公司。

(3)开发者。除了横向和纵向生态伙伴,GE 数字集团还吸引众多的开发者入驻 Predix 平台,基于 Predix 平台开发面向行业的工业应用。

为了进一步促进 Predix 的生态发展,GE 数字集团在 2015 年底建设了 GE 数字创新坊(GE Digital Foundry)致力于数字工业创新和孵化。除了全球生态的建设,GE 也关注本地化生态的发展,GE 在 2016 年 7 月宣布中国上海的数字创新坊投入使用,上海的数字创新坊,将重点支持本地化数字工业创新和孵化,聚合生态系统资源与行业客户协作开发工业互联网新应用,同时将与 GE 其他地区的数字创新坊组成全球网络,共同推动全球工业互联网的发展。

4.4.3　协同效应的建设

1)平台效应

Predix 是 GE 数字集团的核心平台,承载了 GE 的工业互联网梦想,也是实现 GE 数字化转型、未来成为十大软件公司之一的关键。

Predix 最强大的地方是基于 Digital Twin 的工业大数据分析,即将物理设备的各种原始状态通过数据采集和存储,反映在虚拟的信息空间中,通过构建设备的全息模型,实现对设备的掌控和预测。Predix 提供了一个模型目录,将 GE 和合作伙伴开发的各类模型以 API 的方式发布出来,并提供测试数据,让使用者可以站在巨人的肩膀上,利用现有的模型进行模型训练,快速实现实例化。

Predix 的强大功能吸引着越来越多的合作伙伴,尤其是开发者加入 Predix 的工业互联网生态系统。

2)价值共创

对于工业客户来说,需要的是解决问题的能力,而不是解决问题的工具。GE Predix 已经具有了丰富的分析工具和分析模型,至于 Digital Twin,GE 自身和合作伙伴,已经构架了数万个 Digital Twin。

GE 数字集团围绕 Predix 构建了工业互联网生态系统,通过 Predix 的全面开放,优异的平台功能吸引了大量合作伙伴以及个人开发者加入,随着合作伙伴和开发者的数量增加,一个全新的"工业社区"开始形成。

在 Predix 平台之上,合作伙伴和开发者可以将数据直接从终端设备上传至 Predix,然后通过云端的软件进一步处理收集的数据(包括数据分析和可视化处理等操作），数据处理结果可以直接输出给现场服务团队，现场服务团队则可以根据输出结果对终端设备进行优化和调整，可以快速地提升终端设备的工作效率，甚至提升终端设备的工作寿命。

另外，GE 还通过收购创新企业补充 Predix 生态系统。2016 年被 GE 以 9.15 亿美元收购一家基于云的现场服务管理软件制造商 ServiceMax。同年以约 5 亿美元收购机械分析公司 Meridium。GE 通过收购不断扩大软件行业版图，壮大 Predix 生态系统。

3）共生发展

GE 全面开放了 Predix，并和合作伙伴一起在 Predix 之上提供了丰富的分析工具和分析模型，方便合作伙伴开发工业应用。

2015 年底 GE 数字创新坊投入使用，并在 2016 年建立了上海数字创新坊，数字创新坊的投入将更好地支撑合作伙伴的应用开发。数字创新坊提供了 Predix 沙龙、Predix 实战、Predix 训练营、Predix 技术马拉松、Predix 认证、用户体验设计，数据解析等各种支持服务，让合作伙伴更好地利用 Predix。

同时，GE 数字集团也投入了大量的自主研发人员，和合作伙伴、开发者一起丰富工业应用，推动 Predix 生态系统前行。

4.4.4　持续竞争优势的构建

1）效率

Predix 自发布之后，尤其是 GE 数字集团正式成立后，GE Predix 成为承载 GE 数字化转型的关键引擎，GE Predix 也成为工业互联网界的领头羊。

大型的工业制造、能源石油企业成为 GE Predix 的客户，比如英国石油公司 BP、美国爱克斯龙电力公司、澳洲航空公司、墨西哥铁路等大型企业，为 GE 数字集团带来了丰厚的收益，2015 年 GE 数字集团的收入达到了 50 亿美元。

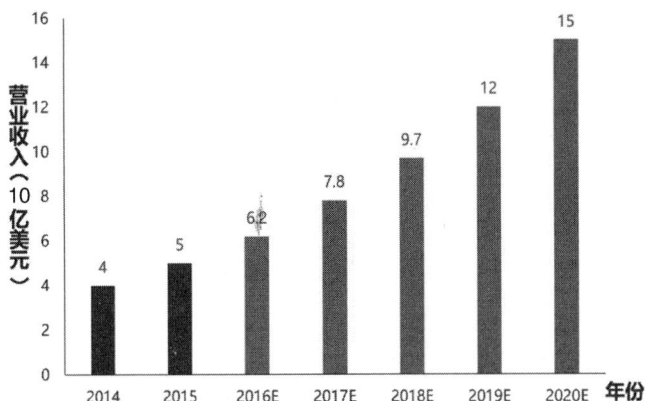

资料来源:GE 财报及公开市场数据(其中 2016E,E 代表预测数据)

图 4‐23 GE 数字集团营收发展

GE Predix 的应用服务使工业客户看到了实实在在的收益,尤其是 Predix 的核心服务 APM 帮助提高了企业效率。

表 4‐2 Predix APM 提升企业效率

维度	效益
环境健康安全事故减少	3%～40%
可用性提高	2%～6%
被动式维修减少	10%～40%
雇员效率提高	5%～25%
企业主 IT 成本减少	5%～25%
存货成本减少	5%～10%

资料来源:GE 官网(https//www.ge.com/)

英国石油公司 BP 和 GE 的油气部门联合推出 POA 服务,提升了 BP 墨西哥湾炼油厂的性能,并将推广部署在 BP 全球的炼油工厂。该方案将成为 Predix+APM 的全球最大部署案例。

2)持续性

Predix 自发布之后,GE 数字集团一直强化 Predix 的功能,欲将其打造成为工业界的操作系统，其地位受到了众多合作伙伴的认可。

GE 数字集团在强化 Predix 平台能力的同时也在打造核心服务，比较典型的是数字孪生（Digital Twin），数字孪生是工业资产与数字世界的桥梁，将现实世界中复杂的产品研发、生产制造和运营维护等过程转化成数字模型，通过虚拟仿真对现实情况进行分析和预测，最大的好处是节约周期时间，它在产品生命周期管理领域有着特别的地位，多用于航天器等较为复杂的工业系统。数字孪生入选 Gartner 发布的 2017 年十大战略技术趋势。

功能不断丰富的 Predix 吸引了多类合作伙伴加入 Predix 的生态系统，截至 2017 年底，Predix 已经拥有超过 33 000 位开发者、300 个合作伙伴，这些开发者和合作伙伴基于 Predix 平台进行各种工业应用的开发，围绕 Predix 构建的生态系统已经成为工业互联网的中坚力量。

3）创新性

GE 凭借其浓厚的工业背景，对行业的痛点有深刻的了解，对工业数据的解读也更加深刻。Predix 的 APM 是全球最早推出、并且是唯一一个已经很好落地的 APM 平台，稳定性更有保证。开发者可参照 Predix 标准自行创建和开发互联网应用，并利用 APM 不断测试和提高性能。强大的 APM 系统使得 Predix 成为工业物联网操作标准的目标成为可能。其他几家工业巨头在 APM 上的布局均较 GE 有所延迟，西门子的 Mindsphere 在 2016 年 4 月发布，2017 年 6 月公开；施耐德、ABB 均在 2017 年才推出自己的云平台，比 GE 晚了两年。更重要的是，APM 在推向市场之前，已经在 GE 内部得到考验和应用，因此 APM 受到了客户的认可与推崇。

第5章 生态系统战略、协同效应与持续竞争优势关系

5.1 生态系统战略与协同效应的关系

5.1.1 企业生态系统战略

经过前文对阿里云、思科、小米、GE数字集团的生态系统战略细分维度的分析，为了应对新市场环境的挑战，四家企业都构建了较为清晰的生态系统战略，包括细分维度的价值定位、组织耦合和生态编配的具体战略措施，制定了较为清晰的生态系统战略发展目标。四家企业生态系统战略的对比如表5-1所示。

表5-1 企业的生态系统战略

案例企业	价值定位	组织耦合	生态编配	结论
阿里云	只做IaaS和PaaS，不做SaaS，明晰边界，做大阿里云生态	做大做强IaaS平台，通过各类伙伴提供行业应用，与合作伙伴共发展	通过IaaS平台聚拢伙伴，对生态伙伴进行分级管理，利润分配倾向合作伙伴	生态系统战略目标非常明确，阿里云将打造广泛的云服务生态系统
思科	打造全新的合作伙伴生态系统，共同掘金万物互联市场	创新业务模式，赋能合作伙伴转型，促进业务发展	奠定核心优势，协助和支持合作伙伴，在竞争中实现差异化	通过生态系统的升级获取新的市场机遇

（续表）

案例企业	价值定位	组织耦合	生态编配	结论
小米	通过小米生态链撬动物联网万亿市场	通过小米手机等自主产品打造核心优势，聚拢生态链企业发展周边产品	通过投资＋赋能实现物联网细分领域的快速突破	小米目标的实现需要小米生态链企业的高速发展
GE 数字集团	通过 GE Predix 推动整个 GE 集团的转型	丰富和提升 Predix 平台能力，联合横纵向合作伙伴实现 Predix 生态发展	通过 Predix 平台典型核心优势，打造数字创新坊推动创新应用发展	生态能否繁荣意味着 Predix 的成败，生态系统战略目标较为清晰

5.1.2　生态系统协同效应

经过前文对阿里云、思科、小米、GE 数字集团的生态系统协同效应分析，四家企业都在平台效应、价值共创和共生发展的三个细分维度积极推动协同效应的提升。四家企业产生的协同效应如表 5-2 所示。

表 5-2　企业的协同效应

案例企业	平台效应	价值共创	共生发展	结论
阿里云	平台聚合效应非常明显	互补作用明显，联合、协同创效效率高	有明确的支持、赋能机制	具备很高的协同效应
思科	平台功能不断升级，聚合效应明显	互补作用较为明显，合作创新效率高	有明确的支持机制	具备很高的协同效应
小米	平台聚合效应非常明显	互补作用明显，产品协同、研发协同，合作价值较高	资金、技术、产业链多维度支持产业链的创新企业	具备很高的协同效应

（续表）

案例企业	平台效应	价值共创	共生发展	结论
GE 数字集团	平台有极强的引领性和聚合性	初期互补作用较为明显	有明确的支持机制	具备较为明显的协同效应

5.1.3　生态系统战略与协同效应的关系与命题开发

从前文的案例企业生态系统战略和协同效应的发展情况分析，核心企业建立了明确的生态系统战略后，推动了协同效应的发展，平台效应进一步扩展、核心企业和生态伙伴开展了多维度的价值创造，整个生态系统能够实现共生发展。实施生态系统战略与实现协同效应具有明显的时间前后关系。

阿里云在发展初期就明确了建设阿里云生态的目标，之后阿里云不断提升平台能力并拓展平台的边界，聚合多类合作伙伴。阿里云通过赋能合作伙伴，和合作伙伴开展联合创新，开发了面向多个行业的应用服务。阿里云构建了健全的生态管理与支持机制，促进了整个生态的发展。

思科明确了全球合作伙伴生态系统的建设目标，通过与解决方案提供商等合作伙伴合作，共同开发"云"上的应用，为客户创造价值的同时也带动了整个生态的发展。

小米为了小米生态链的目标，打造流量入口和新零售渠道体系，聚合生态链伙伴，并通过资金和产业链赋能，推动小米生态链的共同发展。

GE 数字集团为了成为工业互联网的领头羊，强化和丰富 Predix 的平台功能，聚合多类合作伙伴，并通过数字创新坊赋能和支持开发者和合作伙伴，促进了 Predix 生态的发展。

表 5-3　生态系统战略与协同效应的关系

案例企业	生态系统战略	协同效应	解释性结论
阿里云	明确的生态系统战略，清晰的发展目标	协同效应水平很高	生态系统战略推动了协同效应的发展
思科	生态系统战略地位不断提升	协同效应水平高	生态系统战略推动了协同效应的发展

（续表）

案例企业	生态系统战略	协同效应	解释性结论
小米	生态链是小米发展的关键战略，目标清晰	协同效应水平很高	清晰的战略推动了协同效应的建设
GE 数字集团	围绕 Predix 的生态系统战略比较明确	协同效应水平高	生态系统战略推动了协同效应的建设
总结	生态系统战略成为企业发展的关键战略	协同效应得到了高水平建设和发展	生态系统战略得到重视和贯彻时，推动了协同效应的提升

基于生态系统战略与协同效应的综合分析，可以提出命题 1：

命题 1（P1）：生态系统战略通过价值主张、组织耦合和生态编配对协同效应的平台效应、价值共创和共生发展形成正向影响。

5.2   协同效应与持续竞争优势的关系

5.2.1   生态系统协同效应

基于前文的案例企业分析，四家案例企业都达成了明显的生态系统协同效应，从细分的平台效应、价值共创、共生发展三个维度都可以看出协同效应已经达到了最大化。

阿里云的平台能力受到了软件开发商、咨询公司、系统集成商、渠道代理商等企业的认可，这些企业聚合在阿里云平台之上，整个阿里云生态得到了规模发展。阿里云作为核心企业引领合作伙伴的转型，并通过有效的生态管理以及联合创新推动了阿里云生态的繁荣。

思科构建了全球合作伙伴生态系统，通过对合作伙伴的赋能与合作，丰富了整个生态的解决方案，并通过生态系统之间的协作，使解决方案更好地触达行业客户。

小米推行铁人三项战略，打造流量入口和新零售销售体系，通过对生态链企业开展资金、产业链赋能，构建小米生态链协同的运行机制，推动了小米生态链的壮大。

GE 数字集团通过 Predix 开放平台聚集开发者和合作伙伴,建设数字创新坊,支持和引导工业互联网生态的发展。

5.2.2　企业持续竞争优势

经过对阿里云、思科、小米、GE 数字集团的持续竞争优势各个维度的分析,四家企业都形成了明显的持续竞争优势。四家企业的持续竞争优势如表 5-4 所示。

表 5-4　企业的持续竞争优势

案例企业	效率	持续性	创新性	结论
阿里云	持续降价,国内市场份额遥遥领先	阿里云平台功能不断丰富,阿里云生态受到业界认可和青睐	建立行业标准,不断开展联合创新	建立了难以超越的持续竞争优势
思科	主营业务市场份额远远领先,云业务差异化发展	赋能合作伙伴转型,生态系统价值受到客户认可	打造 IBN 将成为企业数字化转型的基石,引领细分领域创新	推动行业变革,引领数字化转型的底层技术发展,持续竞争优势非常明显
小米	智能手机和物联网终端高速发展	小米生态链稳固,生态链企业持续增加且高速发展	通过底层技术创新引领智能场景的变革	规模优势明显,持续竞争优势较为稳固
GE 数字集团	营业收入稳步增长,平台效果受到客户认可	平台能力和应用不断丰富,Predix 生态成为业界典范	具备深厚的行业背景和知识,引领 IIoT 应用的发展	持续竞争优势十分明显,对手难以超越

5.2.3 协同效应与持续竞争优势的关系与命题开发

基于案例企业协同效应、持续竞争优势相关事件的时间先后顺序,综合分析协同效应与持续竞争优势的影响关系(见表5-5)。

表5-5 协同效应与持续竞争优势的关系

案例企业	生态系统协同效应	持续竞争优势	解释性结论
阿里云	具备很高的协同效应,发展态势很好	形成了极强的竞争优势	协同效应处于高水平带来了明显的竞争优势
思科	协同效应较高	较为明显	协同效应处于较高水平,相应地带来了竞争优势
小米	非常高的协同效应	竞争优势较为明显	高水平的协同效应催生了竞争优势
GE数字集团	协同效应较高	竞争优势比较明显	协同效应带来了竞争优势
总结	协同效应处于高水平	持续竞争优势明显	当协同效应处于高水平时,能够产生明显的持续竞争优势

基于协同效应与持续竞争优势的案例企业分析,可以提出命题2:

命题2(P2): 生态协同效应通过平台效应、价值共创和共生发展对持续竞争优势的效率、持续性和创新性形成正向影响。

5.3 生态系统战略与持续竞争优势的关系

5.3.1 企业生态系统战略

企业在面对新的竞争环境或者行业趋势时,选择实施生态系统战略,企业的生态系统战略受到了企业高管的大力支持,并制定了明确的生态系统战略发展目标。

阿里云从成立之初就比较重视生态系统的力量,首先从阿里巴巴的内部生态起步,不断提升阿里云自身的核心能力,然后围绕阿里云拓展阿里云生态。阿里云明确了自身的定位，只做 IaaS 基础设施和 PaaS 平台，SaaS 应用交给生态合作伙伴。阿里云将自己比喻成民生中的电，目标是服务千家万户。阿里云的生态系统战略得到了高管的鼎力支持，甚至马云也全力支持。为了贯彻和拓展阿里云生态，阿里云在 2014 年启动云合计划，后来又升级为云合计划 2.0。为了繁荣阿里云生态，阿里云对生态合作伙伴赋能，推动合作伙伴的转型。

思科在约翰·钱伯斯执掌的初期就建立了思科全球合作伙伴计划，通过合作伙伴的力量发展思科的业务。后来面对云计算、大数据的发展趋势，思科将全球合作伙伴计划升级为全球合作伙伴生态系统，思科与生态合作伙伴的关系更加紧密。思科为了应对数字化转型的趋势，前瞻性地建设了基于意图的网络架构（IBN），推动数字化基础设施的变革，同时赋能生态合作伙伴，帮助合作伙伴找到云时代环境下新的定位。思科的合作伙伴生态系统的价值受到了行业客户的认可。

小米以智能手机起家，但是面对智能手机的红海市场，小米在成立三年后开始构筑小米的生态链梦想，意图通过小米＋生态链企业的"竹林效应"打造万物互联时代的全新的竞争优势。小米生态链获得了小米创始人以及 CEO 雷军的全力支持，雷军也非常重视小米生态链部分的建设与发展。小米主要通过"投资＋孵化"的模式培育扩增生态链产品，通过基础技术的赋能以及产业链的全力支持加速生态链企业的发展，小米和生态链企业之间形成了紧密的生态关系。

GE 面对传统行业的数字化转型趋势以及新的竞争形势，GE 深刻地认识到在工业领域，工业物联网是必需品，GE CEO 杰夫·伊梅尔特希望 GE 回归工业本身，并将 GE 打造成一个软件公司。为了实现工业互联网之路，GE 成立了 GE 数字集团，并围绕 GE Predix 构建工业互联网生态系统。明确的工业互联网生态系统的战略，强力的 CEO 背书，巨大的资源投入，都为 GE 数字集团的工业互联网之路铺平了道路。随后，GE 数字集团不断强化和丰富 Predix 的平台功能，Predix 也成为全球领先的工业互联网平台，成为工业互联网新的选手们模仿学习的对象。基于 Predix 发展的工业互联网应用在早期也受到了工业、能源类客户的认可，切实帮他们提升了生产效益。

5.3.2　企业持续竞争优势

基于前文分析,案例企业在实施生态系统战略之后都建立了持续竞争优势。持续竞争优势也体现在效率、持续性和创新性三个维度。

阿里云实施阿里云生态战略之后,通过生态系统的协同效应最大化发挥,阿里云成长为国内领先的云服务厂商,公有云 IaaS 市场份额排名第一,而且阿里云生态也受到了行业客户的认可与青睐。

思科是传统网络设备的领导者,在新的云计算、大数据产业环境下,升级全球合作伙伴生态系统,通过生态系统的共同努力,成为新一代网络基础设施的引领者,充分展现了生态的价值。

小米通过与生态链企业的协同,成长为全球最大的智能硬件平台。

GE 数字集团通过 Predix 工业互联网生态系统的创新与发展,工业互联网应用成功突破传统工业领域,Predix 平台成为国内外工业互联网的一面旗帜。

5.3.3　生态系统战略与持续竞争优势的关系与命题开发

基于案例企业生态系统战略的建设、持续竞争优势的形成等相关事件的时间先后顺序,综合分析生态系统战略与持续竞争优势的影响关系(见表 5-6)。

表 5-6　生态系统战略与持续竞争优势的关系

案例企业	生态系统战略	持续竞争优势	解释性结论
阿里云	生态系统战略非常明确,边界清晰	形成了极强的竞争优势	生态系统战略对于持续竞争优势有间接影响
思科	生态系统战略定位清晰	建立较高壁垒的持续竞争优势	生态系统战略间接推动了持续竞争优势的形成
小米	非常清晰的"生态圈"发展战略	竞争优势较为明显	"生态圈"战略间接推动了持续竞争优势的形成
GE 数字集团	生态系统战略较为清晰	持续竞争优势明显	生态系统战略间接促进了持续竞争优势的形成

（续表）

案例企业	生态系统战略	持续竞争优势	解释性结论
总结	制定了清晰的生态系统战略	持续竞争优势明显	当企业制定清晰的生态系统战略后，能够间接促进持续竞争优势的形成

基于生态系统战略与持续竞争优势的案例企业分析，本节提出命题 3：

命题 3（P3）：生态系统战略对持续竞争优势有间接的正向影响作用。

5.4　协同效应的中介关系

基于前文对案例企业生态系统战略、生态协同效应和持续竞争优势两两之间的关系分析，可以发现：

（1）企业实施生态系统战略是推动协同效应提升的前提。

（2）生态系统协同效应的提升直接推动了企业打造较高壁垒的持续竞争优势。

（3）生态系统战略间接影响了企业的持续竞争优势。

因此可以判断，生态协同效应在某种程度上连接起了生态系统战略和持续竞争优势，三者之间的关系可用图 5-1 说明。

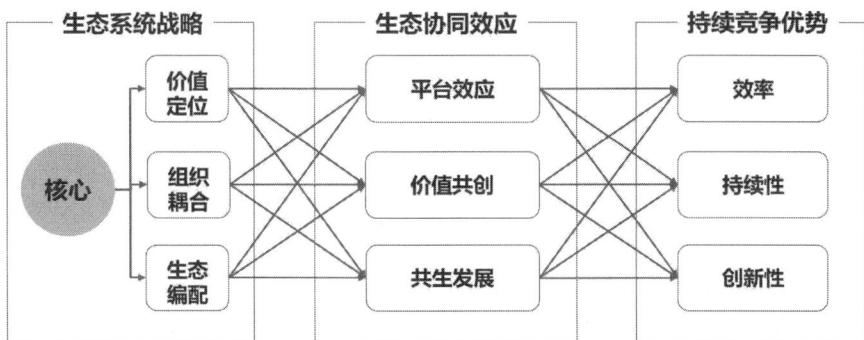

图 5-1　企业生态系统战略、协同效应和持续竞争优势的关系

为了进一步说明协同效应在三者之间的关系,对 GE 数字集团进行更进一步的研究分析。

随着 GE CEO 杰夫·伊梅尔特在 2017 年下半年的卸任,GE 的工业互联网之路也开始放慢脚步,对数字化转型的重视不如伊梅尔特在任时。

GE 数字集团发展到 2018 年初,因为营收的压力对 Predix 的投入逐步减少,Predix 平台在没有足够投入的情况下其平台能力没有得到进一步的拓展。而平台能力的提升和功能的丰富是吸引合作伙伴加入的关键前提。因此 Predix 的平台效应开始式微。

因为 GE 数字集团没有在短期内实现可观的收入,GE 数字集团背负了巨大的损失和业绩压力,因此在与生态合作伙伴的合作时,GE 数字集团重点关注了短期的收入,而非长期的价值,这让部分应用开发合作伙伴丧失了动力,因为很多的应用服务短期内难以看到实际的价值。另外 GE 数字集团希望 Predix 成为第三方开发者和合作伙伴真正的开发平台,但是后期围绕 Predix 开发的软件几乎都来自 GE 自己的业务部门。生态系统价值共创偏离了最初的目标。

同样由于业绩的压力,GE 数字集团未能进一步实现 Predix 的开放,尤其是对合作伙伴的支持,应用开发者和合作伙伴开始逃离 Predix 平台,共生发展的目标未能实现。

基于以上协同效应中的平台效应、价值共创和共生发展三个维度,GE 数字集团构建的 Predix 工业互联网生态系统未能实现高水平的协同效应,只是一种较低水平的协同效应。

低水平的协同效应未能给 GE 数字集团带来持续竞争优势,最初构建的竞争优势也开始瓦解,Predix 平台从巅峰开始滑向低谷,GE 数字集团甚至出售了曾经收购的现场服务管理软件提供商 ServiceMax,GE 数字集团成立之初上任的 CEO 也黯然离场。

GE 数字集团后来发生的事情说明了 GE Predix 工业互联网生态系统由于生态系统战略的松懈,未能实现高水平的协同效应,GE 数字集团未能形成明显的持续竞争优势,以至于之前形成的竞争优势也开始丧失。

基于以上 GE 数字集团的补充分析,对前文的分析结果可以补充如下:

　　因此,当企业的生态系统战略不能得到全面的推进时,尤其是高层的重视时,企业构建的生态系统很难再实现高水平的协同效应,甚至协同效应缺失,则企业将不能形成持续的竞争优势。

　　因此,可以总结得出企业生态系统战略、协同效应和持续竞争优势的关系,如表 5-7 所示。

表 5-7　生态系统战略、协同效应与持续竞争优势的关系

变量	生态系统战略	协同效应	持续竞争优势	与生态系统战略关系	与协同效应关系
生态系统战略		高/高	高/高		
协同效应	高/高		高/高	直接正相关	
持续竞争优势	高/高	低/低		间接正相关	直接正相关

　　基于以上三者的关系分析,可以得出协同效应是生态系统战略和持续竞争优势的中介变量,可以提出命题 4:

　　命题 4(P4):生态系统战略通过中介变量协同效应对持续竞争优势形成正向影响。

5.5　外部因素对生态系统的影响

　　企业在成长发展的过程中会受到外部因素的影响,TMT 行业也不例外,影响 TMT 行业企业发展的两大外部因素主要为产业政策和市场环境。

　　产业政策主要包括国家针对特定产业制定的政治制度和法律法规,积极的国家政策会促进产业的发展,而消极的国家政策会阻碍产业的发展。

　　市场环境会直接影响企业的发展,主要的因素包括市场饱和度、市场进入壁垒等,如果一个行业的进入壁垒较高,行业内的企业则可以获得有序的发展。

　　企业在制定了明确的生态系统战略之后,生态系统能否产生并达成高水平的协同效应,主要取决于生态系统的核心企业在平台效应、价值共创和

共生发展三个维度的推动情况,进而影响持续竞争优势。然而,生态系统战略与协同效应的关系、协同效应与持续竞争优势的关系还受到外部因素的影响。

以阿里云为例,阿里云在 2014 年之后进入阿里云生态的高速发展期,聚合了大量的合作伙伴,推动协同效应不断达到新的高度。这种结果一方面是因为阿里云的推动,不断提升平台能力并拓展平台边界,与合作伙伴联合创新,高效管理生态系统并支持合作伙伴的转型,实现共同发展。另一方面也受到了国家政策环境的推动,比如 2016 年工业和信息化部发布了《云计算发展三年行动计划(2017—2019 年)》,国务院也发布了促进云计算发展的相关政策,同时国家也制定外资企业在中国开展云计算业务的限制与要求,这些政策促进了阿里云的发展,也一定程度上限制了外资企业的云计算业务发展,比如 AWS 在国内的发展情况远不如美国。此外,近几年整体经济环境呈现下行趋势,企业开始降低运营成本,这种趋势刺激了企业对于"上云"的需求。

国家政策、竞争形势等外部因素会对协同效应的进展起到一定程度的影响,积极的国家政策和有利的竞争形势会加速协同效应的产生,消极的国家政策和不利的竞争形势会恶化协同效应的发展,间接导致持续竞争优势的流失。

因此,对外部因素的分析可以提出命题 5:

命题 5(P5):外部因素(如积极的产业政策)会对生态系统战略与协同效应的关系,协同效应与持续竞争优势的关系形成一定的影响。

第六章 讨论与结论

6.1 讨论

6.1.1 企业生态系统战略与协同效应

针对四家案例企业的分析结果表明,企业在制定并实施生态系统战略之后,企业会阐明对生态系统的期望以及其价值定位,尤其是生态系统核心企业的地位与边界,核心企业还会实施在新的竞争环境下的组织耦合策略,即核心企业的平台建设目标以及与合作伙伴的融合,最后对于生态系统的核心企业还会构建生态编配的机制,生态系统如何规范的运行以及利益分配的机制。价值定位、组织耦合和生态编配组成了企业生态系统战略。

当企业实施了清晰的生态系统战略,比如阿里云和小米,企业会积极地提升其平台效应,通过提升平台的能力和丰富平台的功能,聚合不同类型的合作伙伴,阿里云通过持续壮大的阿里云平台聚合渠道合作商、解决方案商等合作伙伴,小米通过品牌、供应链、流量等能力吸引生态链企业加入。生态系统核心企业还会依托其平台,与合作伙伴一起为客户创造新的价值,同时还会开展联合创新以及产品研发,提升生态系统的整体价值。作为核心企业,还会积极地对合作伙伴赋能帮助合作伙伴转型,通过技术支持、培训支持、认证服务、营销支持等多维度的支持帮助合作伙伴拓展业务,实现共同的成长。

因此,当企业选择实施生态系统战略之后,会使用多种策略推动生态系统协同效应的提升,生态系统战略对协同效应有明显的正向影响作用。

6.1.2　生态协同效应与持续竞争优势

针对阿里云、思科、小米和 GE 数字集团四家案例企业的分析结果表明，随着生态协同效应的提升，包括效率在内的持续竞争优势也会更加明显。经过四家企业的多案例研究，再次检验了以往文献关于生态系统战略的研究结果，再次证明了协同效应对持续竞争优势有正向影响作用。多案例的研究结果显示，随着企业构建的生态系统中平台效应、价值共创以及共生发展的综合效应越来越高，企业的持续竞争优势越加稳固，说明了协同效应对持续竞争优势的正向影响具有较高的研究效度。

6.1.3　企业生态系统战略与持续竞争优势

随着企业打造生态系统战略，在生态系统协同效应的作用下，企业的持续竞争优势得到充分的彰显，企业产品和服务的成本不断下降，市场份额加速上升，效率指标明显领先，另外持续性、创新性指标的提升也较为明显。因此，企业生态系统战略对持续竞争优势具有正向影响作用。从相关事件的时间顺序上可以看出，企业构建生态系统战略、协同效应的变化在持续竞争优势变化之前，表明企业生态系统战略直接影响了协同效应，并通过协同效应间接影响了持续竞争优势。

6.1.4　企业生态系统战略与协同效应和持续竞争优势

基于阿里云、思科、小米和 GE 数字集团的多案例分析，企业在面对新的环境选择实施生态系统战略之后，生态系统协同效应和持续竞争优势的多维度指标也呈现出相应的变化。而且四家案例企业的数据分析结果显示，企业首先制定了明确且清晰的生态系统战略，企业需要通过构建生态系统攫取新市场的巨大价值。有了清晰的生态系统战略目标之后，企业会积极地拓展和提升协同效应，将协同效应最大化发挥。通过协同效应的高水平发展，企业则可以打造新的壁垒，形成持续竞争优势。

研究分析结果显示，企业实施生态系统战略之后，协同效应和持续竞争优势也随之发生了较为显著的变化，表明三者之间有显著的相关性。从相关事件的时间序列来分析，生态系统战略发生在协同效应之前，协同效应的变化在持续竞争优势变化之前,时序性和共变性的结果表明了三者之间存在因果关系。

另外,通过 GE 数字集团的进一步研究分析,生态系统战略被弱化后,协同效应没有向上发展,而是不断降低,持续竞争优势也随之变化,先前形成的持续竞争优势消失殆尽。

通过补充研究进一步证明了三者的因果关系,生态系统战略直接影响协同效应,协同效应直接影响持续竞争优势,生态系统战略通过协同效应间接影响持续竞争优势,即协同效应是生态系统战略和持续竞争优势的中介变量。

6.1.5　外部因素与生态系统战略、协同效应和持续竞争优势三者关系

外部因素包括产业政策、市场环境等相关因素,基于案例企业的分析,企业实施生态系统战略之后,如果有较为积极的鼓励政策,则会加速协同效应的上升,同样,积极的政策和有利的竞争环境会加速协同效应到持续竞争优势的演变。数据分析结果显示,外部因素会影响生态系统战略和协同效应、协同效应和持续竞争优势之间的关系。

6.2　主要结论

基于上述多案例的研究分析和讨论结果,可以得出以下结论:

(1)企业生态系统战略可细分为价值定位、组织耦合和生态编配三个维度;协同效应可细分为平台效应、价值共创和共生发展三个维度,持续竞争优势可由效率、持续性和创新性三个维度综合呈现。

(2)生态系统战略对协同效应有直接的正向影响作用,协同效应对持续竞争优势有直接的正向影响,协同效应在生态系统战略与持续竞争优势之间起到了明显的中介变量作用。

(3)生态系统战略决定协同效应的水平,协同效应的水平决定了持续竞争优势的大小,而且生态系统战略的变化决定着协同效应的变化,从而决定

着持续竞争优势的变化。

（4）外部因素会成为一股不可忽视的力量，会直接影响生态系统战略与协同效应、协同效应与持续竞争优势之间的关系。

结论如图 6 - 1 所示。

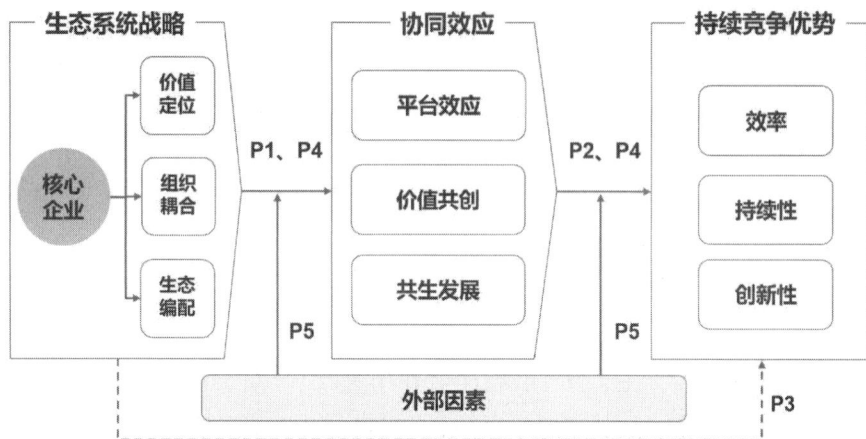

图 6 - 1   企业生态系统战略与持续竞争优势的逻辑关系

6.3   主要贡献

我们的多案例研究分析结论对通过生态系统构建持续竞争优势有一定的理论发展和实践贡献。

（1）在以往的关于生态系统战略的研究中，对生态系统战略和竞争优势的关系已有研究，部分学者也将竞争优势升级为生态优势，但其研究的重点是通过聚拢合作伙伴形成相互关联的生态系统，构建"抱团"的优势。对于生态系统战略的细分维度，生态系统战略、协同效应和持续竞争优势的关系却鲜有研究。我们结合典型企业的多案例研究，首先明确了生态系统战略、协同效应和持续竞争优势的细分维度，并进一步构建了生态系统战略、协同效应和持续竞争优势的理论关系，为企业生态系统战略、生态系统协同效应和持续竞争优势领域的研究补充了新的理论知识，推动了理论的进一步研究。

(2)面对当前下行的经济环境,很多企业都试图实施生态系统战略,尤其是在 TMT 领域,众多企业开始学习领先企业的经验构建自身的商业生态系统战略。但是对于如何实施生态系统战略,如何通过生态系统战略构建新的持续竞争优势,众多企业还存在困惑。我们通过多案例分析,建立了生态系统战略、协同效应和持续竞争优势三者的关系,对于我国企业在打造生态系统战略的过程中,如何丰富企业的生态系统战略,如何通过提升协同效应来提高持续竞争优势,具有以下借鉴意义:

① 企业要实施生态系统战略,需要明确生态系统的价值主张、组织耦合和生态编配,通过价值主张、组织耦合和生态编配打造清晰可落地的生态系统战略。

② 实施生态系统战略之后,企业需要关注生态系统的协同效应,通过平台效应、价值共创和共生发展三个维度,推动生态系统协同效应的不断提升。协同效应的提升水平将决定企业的持续竞争优势。

③ 企业还需要留意外部环境因素,外部因素会影响生态系统战略、协同效应和持续竞争优势两两之间的关系。外部因素发生变化时,适时调整生态系统战略,并通过协同效应的优化与提升,促进持续竞争优势的建立。

6.4　研究局限性与研究展望

(1)我们选取的四家案例企业集中在 TMT 领域,阿里云属于云计算行业,思科的主要业务也属于云计算行业,小米属于 IoT 行业,GE 数字集团属于 IT 行业,行业属性较为类似。但是不同行业之间差异性较大,研究分析的结果有可能因为行业不够多样化而存在局限。

(2)我们使用扎根理论建立了生态系统战略与协同效应和持续竞争优势的关系,明确了协同效应是生态系统战略和持续竞争优势的中介变量,但是没有足够的数据能够精准地计算出中介效应的大小,以至于不能确定是完全中介或是部分中介。

(3)同样,对于外部因素的研究,由于缺乏足够的数据支撑,没有计算出影响程度的大小,以及影响效应达到何种程度会产生毁灭性的效果。

针对多个行业的案例分析以及具备大样本足够数据量的实证分析还需要进一步的研究。

附录 1　访谈提纲

访谈目的:

(1) 贵公司生态系统战略的实施过程;

(2) 贵公司生态系统建设过程中的协同效应;

(3) 贵公司生态系统建设的效果,以及生态系统对竞争优势的影响。

访谈内容:

1. 生态系统战略相关

1.1 请您介绍贵公司为什么要实施生态系统战略。

1.2 请您介绍贵公司生态系统战略的具体内容。

1.3 请问在贵公司打造的生态系统中,贵公司和生态合作伙伴之间的关系是怎么样的?

1.4 请问您是否了解贵公司的竞争对手是否实施了生态系统战略?

2. 生态系统战略建设过程

2.1 请问贵公司通过哪些措施或策略推动了生态系统的进一步发展?

2.2 请问贵公司的生态系统中,贵公司与生态伙伴之间如何开展协同,具体有哪些领域的协同?

2.3 请问贵公司在实施生态系统战略过程中是否遇到了挫折或问题,如果有,请详细说明。

2.4 您认为哪些因素会影响贵公司的生态系统成员之间的协同效应?

3. 持续竞争优势相关

3.1 请问贵公司在行业中的地位如何,有哪些竞争优势?

3.2 请问您觉得贵公司形成的持续竞争优势和生态系统战略的实施有什么
    关系?

3.3 请问您觉得还有哪些因素影响了贵公司的持续竞争优势?

附录 2 案例企业的数据编码

1. 思科

附表 2-1 案例企业(思科)开放式编码过程

数据资料(开放式编码)	类别 (概念化)	代码
传统网络即使再进行扩展也难以满足数字化时代不断增长而变化的需求。数字化时代需要灵活部署、完全开放的网络	行业转型	a_{11}
为了抓住数字化带来的巨大市场机遇,企业纷纷投入资源实施物联网解决方案。然而,数字化并非一套解决方案可以实现。企业需要通过不同的网络将所有的终端设备、生产物料等连接起来	用户需求	a_{12}
万物互联时代安全问题成为企业需要重点关注的领域,企业需要通过云计算和边缘计算应对不断增加的物联网安全问题。将传统以硬件为中心的网络升级为软件定位的网络	需求升级	a_{13}
思科建构的云计算战略更多的是通过不同种类的生态合作伙伴来提供云计算业务。思科积极打造云生态系统,并帮助传统合作伙伴实现云化转型。思科希望与生态合作伙伴一起共同挖掘万物互联的巨大市场空间	共同目标	a_{14}
思科希望和合作伙伴携手构建了全球最大的云网络,通过实现多云的无缝世界,为客户提供混合云解决方案,基于混合云策略,加快数字化业务创新速度,驱动持续增长	远景目标	a_{15}
传统的网络和信息化解决方案已经不能满足数字化时代的行业客户需求,云计算成为行业客户数字化转型的标配	竞争变化	a_{21}

（续表）

数据资料（开放式编码）	类别 （概念化）	代码
2016 年 3 月,思科推出了为全数字时代打造的全新联网方式:全数字化网络架构	平台搭建	a_{22}
2017 年 6 月,思科正式推出了面向全数字化时代的基于意图的网络,即思科所定义的"全智慧的网络",它根植于思科的全数字化网络架构(DNA),这是思科的第一轮创新 2018 年 1 月,思科发布全新精准的预测性分析和保障功能,进一步推进了思科为全数字化业务重塑网络的战略,这也是第二轮的创新 在 CISCO LIVE 2018 上,思科推出了第三轮基于意图的网络创新,并首次提出将 DNA 中心建成一个开放、灵活的平台	层级跨越	a_{23}
通过思科 DNA 中心平台,各类的生态合作伙伴可以发现更多的市场机会,和思科一起掘金数字化转型的巨大市场	共生依赖	a_{24}
思科以全数字化网络架构(DNA)为基础,通过三轮的持续创新和迭代,让思科基于意图的网络的创新,完成了从架构、产品到平台的蜕变,为企业今后通往 IBN 的道路,应对数字化转型的浪潮,提供更多的驱动力和想象力	优势锁定	a_{31}
2011 年,思科实施全新的"云"合作伙伴计划,帮助合作伙伴定位在"云计算"中的位置,促进业务模式的转型与发展,使合作伙伴充分利用并且受益于巨大的"云"市场机遇	系统规范建立	a_{32}
作为思科合作伙伴生态系统的关键,思科升级了渠道合作伙伴计划,以帮助合作伙伴改进其业务模式,利用混合 IT 抓住新的机遇,提高客户相关性、实现利润增长,并对其成就予以奖励。渠道合作伙伴将会看到认证、专业化和激励方面的变化	利益分配	a_{33}
各类合作伙伴可以采用思科的产品来创建安全的混合云环境,合作伙伴可以为重要客户快速部署有价值的混合云解决方案,并降低资本投资的风险	生态互动	a_{34}

（续表）

数据资料（开放式编码）	类别（概念化）	代码
2015 年,思科宣布全新的云战略。思科云战略为合作伙伴带来了极大的好处,思科的合作伙伴可以借助强大的云平台提高部署效率	平台拓展	b_{11}
思科合作伙伴生态系统升级了原有的渠道计划和服务计划,目标是吸引全球更多的合作伙伴加入,例如独立软件开发商、技术和物联网合作伙伴以及咨询公司等。这些合作伙伴将提供解决方案来满足不断变化的行业需求	伙伴聚合	b_{12}
2015 年 3 月,思科扩展了与微软的合作关系,强化了云和数据中心领域的合作,发布了新的技术平台,以推动云服务商加快解决方案交付,同时优化引入 INTERCLOUD 的过程。思科和微软联合推出了面向微软云平台的思科云架构,新的云架构将 WINDOWS AZURE PACK 和思科基础设施(思科 ACI)融合,目标在于帮助云服务商提高混合云解决方案交付速度,同时大幅降低成本	互补效应	b_{21}
2015 年 9 月,思科和苹果建立战略合作伙伴关系,为苹果企业用户建造高速信息通道。双方将联手为苹果设备和应用全面升级思科网络,集成苹果手机与思科企业环境,同时在不同的终端上面提供性能极佳的协作能力	协同创新	b_{22}
2017 年以来,思科收购了 APPDYNAMICS、Viptela 等网络创新企业,开展思科服务能力,优化生态系统服务版图	生态创新	b_{23}
2014 年,思科宣布思科合作伙伴生态系统升级以后,不断优化思科渠道合作伙伴计划、精简思科认证服务、优化激励机制,为合作伙伴提供全方位服务支撑	共生机制	b_{31}
2011 年底,为应对云计算的发展,思科优化调整了内部组织架构,在网络管理技术集团基础之上,打造全新的云计算部门	组织进化	b_{32}

（续表）

数据资料（开放式编码）	类别 （概念化）	代码
根据 SYNERGY RESEARCH 2016 年的数据统计显示，思科在全球交换路由器市场中占据了 50% 以上的份额，在企业路由器市场占据了接近 70% 的份额，在全球路由器市场占据了接近 50% 的市场份额	服务成本	c_{11}
思科发布了全新的产品技术架构，将强大的安全功能嵌入到数据中心、终端以及整个网络，使得行业客户可以及时发现网络威胁，并制定预防机制	服务质量	c_{12}
2014 年思科升级全球合伙伙伴生态系统之后，伴随着思科自身的数字化转型，思科整体营业收入保持稳健增长	营收发展	c_{13}
2017 年以来，思科在继续服务全球运营商市场的同时，积极拓展企业客户市场，企业客户的规模不断提升	客户规模	c_{14}
思科以全数字化网络架构（DNA）为基础，通过三轮的持续创新和迭代，让思科基于意图的网络的创新，完成了从架构、产品到平台的蜕变。虽然并不是思科创造了基于意图的网络（IBN）概念，但如今的思科俨然成为 IBN 理念的代言人	平台能力	c_{21}
思科生态系统合作伙伴借助思科的平台实力，推动客户的信息化升级。通过思科合作伙伴生态系统提供的面向多个行业的解决方案受到了客户的认可	生态系统价值	c_{22}
思科用前瞻的眼光和创新的技术将数字化时代的 IBN 从构想一步步变成现实，而 IBN 也受到了业界的认可，GARTNER 认为 IBN 将成为企业数字化转型的基石	技术引领	c_{31}
思科也在云计算的细分领域引领潮流，HCI Hyper Converged Infrastructure 作为云计算的前沿领域，近两年受到云计算厂商和创新企业的追捧，而根据 Forrester 的 2018 年评估报告，思科已经成为 HCI 领域的领导者	新业务孵化	c_{32}

2. 小米

附表 2-2　案例企业(Xiaomi)开放式编码过程

数据资料(开放式编码)	类别 (概念化)	代码
2009 年以来,物联网、云计算技术快速发展,新的技术推动智能家居成为行业重点关注的趋势	行业转型	a_{11}
随着移动互联网的发展,用户对终端产品的智能需求越来越强烈。在家庭场景下,用户希望传统的家居产品能够实现可连接、可控制	用户需求	a_{12}
多设备、多场景、多联动形成的整体化智能家居系统是未来的必然趋势	需求升级	a_{13}
2013 年底,小米启动了小米生态链计划。采用"投资＋孵化"的模式积极扩张产品线,以手机为核心,辅以周边的小米生态链企业,将各种智能终端融合到消费者家庭之中	共同目标	a_{14}
小米创始人雷军曾在多个场合表示,要将小米发展模式渗透到一百多个细分领域,将小米从一只大船变成庞大的、坚固的舰队	远景目标	a_{15}
万物互联时代,已经不单单是终端(以智能手机为主)之间的竞争,而是智能场景之间的竞争	竞争变化	a_{21}
小米自成立以来,通过自主品牌,尤其是小米手机,在全球收获了大量的发烧友和"米粉",而发烧友通过小米社区又反向影响小米手机的设计,进一步提升了小米手机的吸引力。这也直接促使了小米手机的全球手机出售量一直名列前茅	平台搭建	a_{22}
小米通过智能手机的生产和运作,不断打造和提升小米自身的基础设施和生态资源能力。通过吸引和聚集生态链企业,实现智能场景的扩展	层级跨越	a_{23}
小米的目标是撬动有着万亿市场规模的物联网市场,目标的实现需要产品覆盖范围广泛的生态链企业参与,通过生态链企业布局不同的物联网应用场景	共生依赖	a_{24}

（续表）

数据资料（开放式编码）	类别（概念化）	代码
小米成立以来，积极提升小米生态资源的整体能力，包括商业模式、资本、品牌、工业设计、产业链、新零售渠道、用户资源等。生态资源的整体能力奠定了小米的优势地位	优势锁定	a_{31}
小米在 2013 年就成立了小米生态链部门，负责用小米的价值观投资孵化生态链企业。最初的小米生态链部门包括供应链管理、业务分析、品控等部门。经过几年的发展，小米生态链部门进一步细分，其在小米集团内的重视度也进一步提升	系统规范建立	a_{32}
在利益分配方面，小米通过承担生态链公司前期的渠道、供应链、生态成本，迅速将生态链公司推进行业第一梯队，后期通过股权投资分享生态链公司自身的发展红利	利益分配	a_{33}
小米通过帮助生态链企业优化产品，进而通过生态链企业的产品反向优化小米的产品。紫米科技通过打造移动电源，成为电池领域的领导者，而这些经验帮助小米生态链其他企业完善电源技术，或提供电池产品	生态互动	a_{34}
小米在 2011 年打造铁人三项战略：硬件＋软件＋网络服务。硬件作为流量入口，软件提升用户黏性，网络服务加强变现。 2018 年，小米升级了铁人三项战略，软件更新为新零售，通过线上＋线下的新零售渠道，强化用户黏性，提升变现能力	平台拓展	b_{11}
截至 2018Q1 末，小米通过投资和管理建立包括超过 210 家公司的生态链，其中 90 多家公司专注于研发智能硬件及生活消费产品，致力于创造创新技术、高品质、精心设计、卓越用户体验与价格厚道的产品	伙伴聚合	b_{12}
"小米系"不但拓展了产业链、增加了销售业绩，还通过小米生态链和其他领域的联合布局，成功串联了用户，打造了一个颇具规模的智能物联网闭环	互补效应	b_{21}
小米一方面通过基础技术赋能和产业链支持加速小米生态链企业的成长，另一方面生态链企业反哺小米，双方实现共同成长	协同创新	b_{22}

（续表）

数据资料（开放式编码）	类别 （概念化）	代码
2016 年 6 月,小米宣布联合新希望集团等企业申办的民营银行"四川希望银行"正式获得银监会批复筹建;9 月 1 日,小米联合中国银联正式发布小米支付(MI PAY)	生态创新	b_{23}
小米输出资金、资源、方法论给生态链企业。生态链企业通过有设计感有创意的生态链新品的持续发售,让小米或米家的品牌保持前锋性与持续的高曝光度	共生机制	b_{31}
2018 年 9 月,小米进行大规模组织结构调整,为公司各业务发力打好人事框架基础,其中小米生态系统是十大事业部之一,继续拓展小米生态链	组织进化	b_{32}
华米科技创始人黄汪在一篇博文中回忆称其得到了刘德的鼎力支持。2014 年,华米研发的小米手环(MIBAND)进入中国市场,仅售 12 美元,而其美国竞争对手 FITBIT 的售价在 60～250 美元。次年,小米跃居全球第二大可穿戴设备品牌,仅次于 FITBIT	服务成本	c_{11}
相对于现在其他几个比较成熟的智能家居的生态链解决方案(苹果的 HOMEKIT 和谷歌的 NEST)小米的产品都极富性价比,并且更符合中国国情(含义请自己体会),在国内使用能够买到更为丰富的配件和产品,让智能家居不再只是个概念,而真正成为能够走进家庭的东西	服务质量	c_{12}
根据小米 2018 年财报显示,2018 年度小米总营收为 1 749 亿元人民币,同比增长 53%。当年,小米智能手机销量为 1.19 亿台。面对全球智能手机销量下滑的趋势,小米智能手机业务反而增长 30%。小米是在需求饱和的智能手机行业少数几家仍然保持持续高速增长的公司	营收发展	c_{13}
2018 年末,物联网平台已连接的物联网设备数约 1.51 亿(数据不包括智能手机和笔记本电脑连接数),同比增长接近 200%。拥有 5 个以上小米物联网设备的用户数约 230 万,同比增长超过 100%	客户规模	c_{14}

（续表）

数据资料（开放式编码）	类别 （概念化）	代码
小米积极布局 AI、VR 等核心技术。2016 年,小米成立小米探索实验室,投入大量资金研究 VR/机器人等新兴科技	平台能力	c_{21}
小米和小米生态链企业之间已经形成稳固的"竹林效应"。小米生态链模式已经成功培育出 4 家估值超过 10 亿美元的"独角兽"——紫米、华米、智米、纳恩博。目前,生态链公司中华米科技、润米母公司开润股份分别在美股和 A 股上市,青米母公司动力未来挂牌新三板	生态系统价值	c_{22}
小米注重不断提升人工智能创新能力,为 IOT 产品奠定坚实基础,在 2018Q3 小米人工智能技术获得四项重要奖项,比如世界互联网大会小米人工智能开放平台入选世界互联网领先科技成果,2018 年世界人工智能大会小米入选 2018 顶尖 50 家中国大数据企业,小米 AI 助手获世界人工智能创新大赛的最高荣誉 SAIL 大奖	技术引领	c_{31}
2017 年底,和国内 AI 领军企业百度达成战略合作,共同推动 AI 对物联网设备的赋能	新业务孵化	c_{32}

3. GE 数字集团

附表 2-3   案例企业（GE Digital）开放式编码过程

数据资料（开放式编码）	类别 （概念化）	代码
根据高盛 2011 年发布的报告显示,传统的工业模式已经无法适应新一代生产管理的需求	行业转型	a_{11}
客户对于产品的定制化需求越来越高,然而,传统生产设备和管理方法难以实现生产效率的突破	用户需求	a_{12}
随着新技术的发展,客户需求不断升级,客户不再需要一次性的产品,更加需要后续不断的精细化服务	需求升级	a_{13}

（续表）

数据资料（开放式编码）	类别 （概念化）	代码
2015 年成立的 GE 数字集团,致力于围绕 Predix 打造以软件和数据能力为核心的新型工业制造公司,向工业制造、交通运输、航空等传统行业提供工业互联网解决方案	共同目标	a_{14}
GE Predix 向所有企业开放,第三方企业开始基于 Predix 开发各行各业的工业互联网应用,GE 数字集团将 Predix 打造工业互联网生态系统	远景目标	a_{15}
传统工业企业的竞争对手不再只是工业企业、来自互联网、通信领域的竞争对手逐渐增加,竞争越来越激烈	竞争变化	a_{21}
GE 重塑工业根基的核心平台就是 Predix,Predix 最初是 GE 资产绩效管理(APM)的内部平台(GE FOR GE),后来扩大到了 GE 旗下的其他工业业务(GE FOR CUSTOMER),最终 Predix 成为 GE 工业互联网的核心能力平台(GE FOR WORLD)	平台搭建	a_{22}
GE 数字集团不仅仅想打造一个工业互联网平台,还希望通过平台的拓展,积极拓展上层工业互联网应用,直接服务工业企业	层级跨越	a_{23}
GE Predix 的目标是成为工业界的安卓系统,而操作系统的发展依赖于系统之上应用的不断增加,同样,对于 Predix,第三方应用开发企业、个人开发者入驻 Predix,对于 Predix 的长期发展至关重要	共生依赖	a_{24}
从 2013 年发布以来,GE 数字集团的 Predix 平台已经成为整个工业领域的基础性平台,在工业互联网界具有极强的影响力	优势锁定	a_{31}
为了打造围绕 Predix 的生态系统,GE 数字集团聚集多类生态合作伙伴,共同推进工业互联网的发展。合作伙伴包括横向合作伙伴、纵向合作伙伴和开发者	系统规范建立	a_{32}
对于工业互联网应用服务的收入,如果是合作伙伴开发的应用服务,合作伙伴则可以获取大部分的应用服务收入	利益分配	a_{33}

（续表）

数据资料（开放式编码）	类别（概念化）	代码
GE 在 2016 年 7 月宣布中国上海的数字创新坊投入使用，上海的数字创新坊，将重点支持本地化数字工业创新和孵化，聚合生态系统资源与行业客户协作开发工业互联网新应用，同时将与 GE 其他地区的数字创新坊组成全球网络，共同推动全球工业互联网的发展	生态互动	a_{34}
Predix 自发布以来，不断扩充和丰富平台能力，尤其是集成了工业大数据处理和分析、数字孪生（Digital Twin）快速建模、工业应用快速开发等各方面的能力，成为吸引合作伙伴的关键	平台拓展	b_{11}
GE 数字集团是一家平台型企业，与合作伙伴一起打造生态。而发展并推广 Predix 平台是 GE 坚定不移的路线。GE 与合作伙伴一起，逐步完善生态系统中的各个板块	伙伴聚合	b_{12}
GE 数字集团提供 Predix 平台，也可以输出标准化的解决方案，但如果企业客户需要定制化方案，则需要通过合作伙伴。有了众多的合作伙伴，GE 数字集团才能服务更多的企业客户	互补效应	b_{21}
GE Predix 已经形成了一个工作社区，基于 Predix 平台，合作伙伴和开发者可以将数据直接从终端设备上传至 Predix 云平台，然后通过云端的软件处理数据（数据分析或可视化处理等），并将数据处理结果输出给现场服务团队，现场服务团队根据输出结构对终端设备进行优化调整	协同创新	b_{22}
GE 还通过收购创新企业补充 Predix 生态系统。2016 年被 GE 以 9.15 亿美元收购一家基于云的现场服务管理软件制造商 SERVICEMAX。同年以约 5 亿美元收购机械分析公司 MERIDIUM	生态创新	b_{23}
GE 全面开放了 Predix，并和合作伙伴一起在 Predix 之上提供了丰富的分析工具和分析模型，合作伙伴可以直接使用各类工具和模型开发面向特定行业的工业应用，共同推动 Predix 的繁荣发展	共生机制	b_{31}

（续表）

数据资料（开放式编码）	类别（概念化）	代码
2015 年底 GE 数字创新坊投入使用，并在 2016 年建立了上海数字创新坊，数字创新坊的投入将更好地支撑合作伙伴的应用开发	组织进化	b_{32}
基于 GE Predix 工业互联网应用将能够提升企业能效，优化企业效率，为客户带来巨大的效益。在航空业，1% 的燃料节约将最终节约 300 亿美元	服务成本	c_{11}
英国石油公司 BP 和 GE 的油气部门联合推出 POA 服务，提升了 BP 墨西哥湾炼油厂的性能，并将推广部署在 BP 全球的炼油工厂。该方案将成为 PREDIX＋APM 的全球最大部署案例	服务质量	c_{12}
据 GE 公司年报称，2017 年 Predix 平台直接驱动下的订单涨幅达 150%，2018 年收入有望达到 60 亿美元	营收发展	c_{13}
大型的工业制造、能源石油企业成为 GE Predix 的客户，比如英国石油公司 BP、美国爱克斯龙电力公司、澳洲航空公司、墨西哥铁路等大型企业	客户规模	c_{14}
根据 IDC 2017 年发布的关于物联网平台的报告，GE 是第一梯队中唯一的工业背景物联网供应商	平台能力	c_{21}
GE Predix 的应用服务使工业客户看到了实实在在的收益，尤其是 Predix 的核心服务 APM 帮助提高了企业效率	生态系统价值	c_{22}
GE 数字集团在强化 Predix 平台能力的同时也在打造核心服务，比较典型的是数字孪生（DIGITAL TWIN），数字孪生是工业资产与数字世界的桥梁，数字孪生入选 GARTNER 发布的 2017 年十大战略技术趋势	技术引领	c_{31}
GE 基于自身的工业背景不断孵化新的业务，其中 Predix 的 APM 是全球最早推出、并且是唯一一个已经很好落地的 APM 平台，稳定性更有保证	新业务孵化	c_{32}

参考文献

［1］ 毕可佳，胡海青，张道宏.孵化器编配能力对孵化网络创新绩效影响研究：网络协同效应的中介作用［J］.管理评论，2017，29(4)：36－46.

［2］ 陈春花，赵海然.共生：未来企业组织进化路径［M］.北京：中信出版社，2018.

［3］ Dan Li. The ever-evolving business ecosystem［J］. Business Horizons，2018(61)：497－499.

［4］ Dyer Jeffrey H，Kale Prashant，Singh Harbir. How to Make Strategic Alliances Work［J］. MIT Sloan Management Review，2001，42(4)：37－43.

［5］ Ficery K.M Herd T.，Pursche B. Where Has All the Synergy Gone? The M&A Puzzle［J］. Journal of Business Strategy，2007，28(5)：29－35.

［6］ Gajen Kandiah，Sanjiv Gossain. Reinventing value：The new business ecosystem［J］. Strategy & Leadership，1998,26(5)：28－33.

［7］ 何军.思科全面推进云战略与云生态系统［EB/OL］.CTI 论坛，http://ec.ctiforum.com，2015.

［8］ 胡海波，卢海涛.企业商业生态系统演化中价值共创研究：数字化赋能视角［J］.经济管理，2018(08)：55－71.

［9］ Iansiti，M. and R. Levien. Strategy as Ecology［J］. Harvard Business Review，2004，82(3)：68－78.

［10］ Jay B. Barney. Firm resources and sustained competitive advantage

[J]. Economics Meets Sociology in Strategic Management，2015 (03)：203‑227.

[11] Ke Rong，Yong Lin，Yongjiang Shi. Linking business ecosystem lifecycle with platform strategy：A triple view of technology， application and organization ［J］. International Journal of Technology Management. 2013(01)：30‑42.

[12] Ke Rong，Zheng Liu，Yongjiang Shi. Reshaping the business ecosystem in China：case studies and implications［J］. Journal of Science and Technology Policy in China，2011，2(2)：171‑192.

[13] Laurence Capron. Cisco's corporate development portfolio：a blend of building，borrowing and buying[J]. Strategy & Leadership，2013， 41(2)：27‑30.

[14] 李会军,席酉民,葛京.松散耦合研究对协同创新的启示[J].科学学与科学技术管理,2015，36(12):109‑118.

[15] 李玲.技术创新网络中企业间依赖、企业开放度对合作绩效的影响[J].南开管理评论,2011(04):16‑24.

[16] 李欣,史文典. 内部效度、外部效度及其关系[J].心理研究,2009(1):9‑12.

[17] 梁运文,谭力文.商业生态系统价值结构、企业角色与战略选择[J].南开管理评论,2005(01):57‑63.

[18] 廖建文,崔之瑜.企业优势矩阵:竞争 VS 生态[J].哈佛商业评论(中文版),2016(07).

[19] 柳卸林,马雪梅,高雨辰,等.企业创新生态战略与创新绩效关系的研究[J].科学学与科学技术管理,2016,37(08):102‑115.

[20] 梅亮.聚焦价值获取,关注持续优势——专访全球创新与战略管理大师大卫·梯斯教授[J].清华管理评论,2017(12):5‑13.

[21] 苗兆光, 吴呈庆. 揭秘小米生态链为何疯狂成长［EB/OL].亿欧网， https://www.iyiou.com，2017.

[22] Michael Porter. 竞争优势[M].陈丽芳,译. 北京:中信出版社,2014.

［23］Miles M B，Huberman A M.质性资料的分析：方法与实践［M］.张芬芬，译. 重庆：重庆大学出版社，2008.

［24］Moore，J.F.. Predators and prey：a new ecology of competition［J］. Harvard Business Review，1993，71(3)：75‐86.

［25］潘松挺，杨大鹏. 企业生态圈战略选择与生态优势构建［J］.科技进步与对策，2017，34(21)：80‐87.

［26］Piyush Kumar，Mayukh Dass，Shivana Kumar. From competitive advantage to nodal advantage：Ecosystem structure and the new five forces that affect prosperity［J］. Business Horizons，2015，(58)：469‐481.

［27］Prescott C. Ensign. Interrelationships and horizontal strategy to achieve synergy and competitive advantage in the diversified firm［J］. Management Decision，1998，36(10)：657‐668.

［28］Ron Adner. Ecosystem as Structure：An Actionable Construct for Strategy［J］. Journal of Management，2017(1)：39‐58.

［29］Ron Adner，Rahul Kapoor. Value creation in innovation ecosystem：How the structure of technological interdependence affects firm performance in new technology generations［J］. Strategic Management Journal，2010(31)：306‐333.

［30］戎珂，王勇，康正瑶.从平台战略到生态战略的 STEP 模型［J］.哈佛商业评论(中文版)，2018(10)：108‐114.

［31］Steven Davidson，Martin Harmer，Anthony Marshall. Strategies for creating and capturing value in the emerging ecosystem economy［J］. Strategy & Leadership，2015，43(2)：2‐10.

［32］孙启贵，范璐. 基于破坏性创新的后发企业竞争优势：以小米公司为例［J］.科技管理研究，2016(04)：1‐6.

［33］V K Ranjith. Business Models and Competitive Advantage［J］. Procedia Economics and Finance，2016(37)：203‐207.

［34］王建刚,吴洁. 网络结构与企业竞争优势：基于知识转移能力的调节效

应[J].科学学与科学技术管理,2016,37(05):55-66.

[35] 王一鸣.深度解析 GE 的数字化转型之路,与物联网平台 Predix 的诞生[EB/OL].搜狐网,http://www.sohu.com,2017.

[36] Wuryanti Kuncoro, Wa Ode Suriani. Achieving sustainable competitive advantage through product innovation and market driving[J]. Asia Pacific Management Review, 2018(23):186-192.

[37] 夏清华,李轩.乐视和小米公司商业生态构建逻辑的比较研究[J].江苏大学学报,2018,20(3):44-54.

[38] 小米生态链谷仓学院.小米生态链战地笔记[M].北京:中信出版社,2017.

[39] 谢世城.GE:从全球工业巨人到顶级软件公司——解读数字工业时代GE 的数字化转型实践[EB/OL].中国数字经济资讯与服务平台,https://www.doit.com.cn,2017.

[40] 解学梅,刘思雨.协同创新模式对协同效应与创新绩效的影响机理[J].管理科学,2015,28(3):27-39.

[41] 许晖,张海军.生态圈的协同创新[J].清华管理评论,2014(11):56-60.

[42] 徐鹏杰.互联网时代下企业竞争范式的转变:从竞争优势到生态优势[J].中国人力资源开发,2017(05):104-109.

[43] Yan Ru Li. The technological roadmap of Cisco's business ecosystem [J]. Technovation,2009(29):379-386.

[44] 殷·R·K.案例研究:设计与方法[M].周涛,李永贤,李虔,译.重庆:重庆大学出版社,2004.

[45] 张敬伟,王迎军.竞争优势及其演化研究现状评介与未来展望[J].外国经济与管理,2010,32(03):1-10.

[46] 张智骁,李萍,肖缘.未来新型商业模式:生态系统商业模式[J].会计改革与创新,2018,12(23):98-99.

[47] 周湧,汪寿阳,何静.商业模式对企业绩效的影响机理与实证研究:基于商业生态系统视角[J].数学的实践与认识,2018,48(12):119-128.

[48] 朱立娜.四个层面解析阿里云云市场生态建设之路[EB/OL].IT168,

http://cloud.it168.com，2017.

[49] 祝立群.商业生态系统战略进化的作用机理[J].求索，2007(01):40-42.

[50] Chen，Dezhi；Wei，William；Hu，Daiping. Survival strategy of OEM companies: a case study of the Chinese toy industry [J]. International Journal of Operations & Production Management，2016,Vol.36，No.9，pp.1065-1088.

[51] Chen，Dezhi；Li-Hua，Richard. Modes of technological leapfrogging: Five case studies from China [J]. Journal of Engineering And Technology Management，2011,Vol.28,No.1-2，pp.93-108.

[52] Fang，EA(Fang，Edward Aihua)；Wu，QZ（Wu，Qizhi）；Chen，DZ（Chen，Dezhi). The impact of new product & operations technological practices on organization structure[J].International Journal of Production Economics，2013,Vol.145,No.2,pp.733-742.

[53] Dezhi Chen，Ningning You，and Feng Lv. Study on Sharing Characteristics and Sustainable Development Performance: Mediating Role of the Ecosystem Strategy[J]. Sustainability，2019，Volume 11，Issue 23，6847.pp.1-20.

[54] Wei，William X.，Chen，Dezhi，Hu，Daiping. Study on the Evolvement of Technology Development and Energy EfficiencyA Case Study of the Past 30 Years of Development in Shanghai[J]. Sustainability，2016，Vol.8,No.5，457,pp.1-21.

[55] 陈德智.技术跨越[M].上海:上海交通大学出版社,2006.

[56] 陈德智.创业管理(第二版)[M].北京:清华大学出版社,2007.

[57] 陈德智.战略管理精品案例[M].上海:上海交通大学出版社,2011.

索　引